新零售门店运营与创新实践丛书

新零售之便利店店长365天管理实战手册

滕宝红◎主编

人民邮电出版社
北京

图书在版编目（CIP）数据

新零售之便利店店长365天管理实战手册 / 滕宝红主编. -- 北京 : 人民邮电出版社, 2019.1
（新零售门店运营与创新实践丛书）
ISBN 978-7-115-49994-3

Ⅰ. ①新… Ⅱ. ①滕… Ⅲ. ①零售商店－商业经营－手册 Ⅳ. ①F713.32-62

中国版本图书馆CIP数据核字(2018)第247866号

内 容 提 要

本书是一本为便利店店长打造的管理运营手册，全书共分5章，内容全面而实用。全书由便利店掀起新零售浪潮导入，按照每日工作安排、每周工作安排、月度工作安排、季度工作安排、年度工作安排分门别类、循序渐进的思路对便利店的管理工作进行了系统的规划和总结，以供便利店店长阅读参考。

◆ 主　　编　滕宝红
责任编辑　单元花
责任印制　彭志环
◆ 人民邮电出版社出版发行　　北京市丰台区成寿寺路11号
邮编　100164　　电子邮件　315@ptpress.com.cn
网址　http://www.ptpress.com.cn
北京虎彩文化传播有限公司印刷
◆ 开本：700×1000　1/16
印张：12.5　　　　2019年1月第1版
字数：217千字　　　　2024年7月北京第12次印刷

定价：49.00元

读者服务热线：(010)53913866　印装质量热线：(010)81055316
反盗版热线：(010)81055315
广告经营许可证：京东市监广登字20170147号

前言

Preface

新零售正成为电商、零售、物流、商业地产等众多行业发展的风向标。近年来，包括阿里巴巴、腾讯、京东、苏宁在内的线上与线下企业围绕新零售频繁布局。

阿里研究院发布的《新零售研究报告》对新零售是这样定义的：以消费者体验为中心的数据驱动的泛零售形态。

新零售区别于以往任何一次零售变革，将通过数据与商业逻辑的深度结合，真正实现消费方式逆向牵引生产变革。它为传统零售业态插上数据的翅膀，优化资产配置，孵化新型零售物种，重塑价值链，创建高效企业，引领消费升级，催生新型服务商并形成零售新生态，是中国零售业大发展的新契机。

新零售是企业以互联网为依托，通过运用大数据、人工智能等先进技术手段，对商品的生产、流通与销售过程进行升级改造，进而重塑业态结构与生态圈，并对线上服务、线下体验以及现代物流进行深度融合的零售新模式。

《关于推动实体零售创新转型的意见》在促进线上与线下融合的问题上强调："建立适应融合发展的标准规范、竞争规则，引导实体零售企业逐步提高信息化水平，将线下物流、服务、体验等优势与线上商流、资金流、信息流融合，拓展智能化、网络化的全渠道布局。"

业界普遍认为阿里巴巴2016年高额投资采用"线上电商+线下门店"经营模式的盒马鲜生，将成为阿里巴巴新零售的1号工程；2017年，阿里巴巴收购联华超市18%的内资股股权，成为联华超市第二大股东，进一步将新零售推广至线下。腾讯在联手京东的同时，依托资本和流量优势，先后投资唯品会、转转等平台，进一步完善了线上新零售版图； 2017

年，腾讯还战略投资永辉，以此为抓手尝试融合线上与线下渠道，拓展其新零售业态。京东2016年斥资近100亿元收购1号店，与后者背后的沃尔玛展开深度合作；2017年4月，“百万京东便利店计划”正式出炉。新零售带来的新生活方式，“线上+线下”“商超+餐饮”的运营方式成了新形态商超发展的标配；家门口的小卖部借助大数据、供应链技术实现了转型升级；无人餐厅、智能卫生间等新模式也已产生。

基于此，我们对便利店、餐饮店、商场（超市）的管理进行了重新思考,在传统的管理运营模式上融入了新零售的概念，以此为基础编写了本系列丛书，以便为相关行业的从业人员提供参考。

《新零售之便利店店长365天管理实战手册》一书是为便利店店长打造的管理运营手册，全书共分5章，内容全面而实用。全书由便利店掀起新零售浪潮导入，按照每日工作安排、每周工作安排、月度工作安排、季度工作安排、年度工作安排分门别类、循序渐进的思路，对便利店的管理工作进行了系统的规划和总结，以供便利店店长阅读参考。

本书实用性强，着重突出可操作性，既可作为零售业在岗人员自学的专业书籍，更适合作为准备从事便利店创业工作人员专业指导书。

由于笔者水平有限，加之时间仓促、所掌握的参考资料有限，书中难免出现疏漏与错误，敬请读者批评指正。同时，由于写作时间紧迫，部分内容引自互联网媒体，其中有些未能一一与原作者取得联系，请原作者看到本书后及时与编者联系。

目录

Contents

便利店开门营业，正常运转，少不了店长的日常管理。例如：营业前要做好各项巡视检查；营业中要加强O2O运营、支付收银管理；偶尔有顾客投诉需要处理；甚至遇到突发事件也要处理。对此，店长要合理安排好每天的工作。

第二章 每周工作安排 / 43

对任何一家便利店来说，利润是其赖以生存的根本。店长每周都要想方设法地提高门店的收入。例如：搞好促销管理，以增加门店的客流量；加强防损管理，以减少门店的损耗；加强安全卫生管理，以提升门店的形象。

第三章 月度工作安排 / 77

便利店是向顾客提供便利，以满足顾客便利性需求为主要目的的小型商店。可以说，便利店的经营业务就是围绕着商品这个核心而展开的。因此，店长的月度工作重点就是做好门店的商品管理。

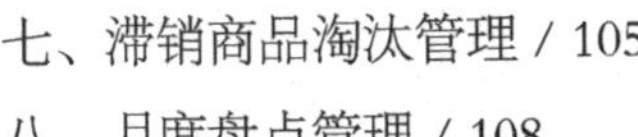

第四章 季度工作安排 / 113

季度工作的安排，属于宏观性的。对于店长而言，季度工作的重点应放在便利店的营销管理方面。营销是便利店赢得顾客、拓展市场的一个必要的经营行为。根据便利店不同时期的经营特点，店长可采取不同的营销手段。

第五章 年度工作安排 / 157

不少管理者认为，越到年底越忙。其实只要平时的工作做到位了，到了年底一样可以轻松应对。这时，你只需要集中精力，做好年终工作总结，并制订来年的工作计划和安排，如编制各种计划、

建立各种制度等。

导读：便利店掀起新零售浪潮

新零售结合互联网和大数据，对人、货、物等生产要素进行重构，能提高消费者的消费体验。新零售同时也是资源的整合，将线上、线下、物流、数据、供应链等整合起来，而且可以将“互联网+电商”和“实体+零售”进行融合，达到零售升级的目的。

一、“小而美”的便利店领跑新零售

中国百货商业协会发布的研究报告显示，2011—2015年，全国150家连锁百货企业麾下每年关闭停业的百货门店数量分别是10家、15家、22家、40家和100家，关停数量呈逐年增加趋势。

与各大卖场“寒意渐浓”形成强烈反差的是，“小而美”的便利店业态正深入人心。便利店是生活中市民需要密切与之打交道的地方，7-ELEVEn、全家、爱便利、美宜佳等名字大多耳熟能详。随着互联网经济的深入发展，便利店的发展和经营模式也在悄悄变化。

“线上与线下同步，客户端与实体店并行”是很多便利店的经营模式，具体如图0-1所示。

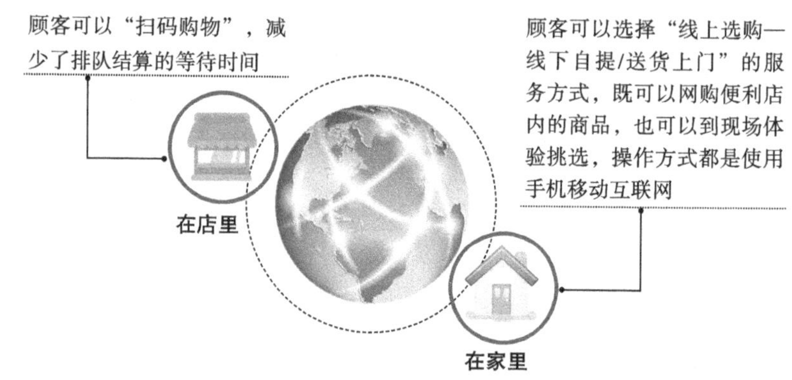

图0-1 便利店的新型经营模式

例如：在中国24小时营业的7-ELEVEn，多数经营在大型写字楼以及居民区旁边，成为上班族日夜相见的聚点，很多白领在深夜下班还能在单位附近买一份快餐，这种温暖的感觉不言而喻。除此之外，便利店也在货品和服务上不断丰富和完善。拿苏果的新一代便利店来说，除了卖咖啡外，它的鲜食品类大大扩充，在服务上也更加注重体验，可以提供微波炉加热、O2O洗衣、充电宝租用、充值缴费、外卖、免费Wi-Fi等便民服务，成为很多城市居民的首选平台。

业内人士认为，新零售出现后，原来的便利店市场份额必然会发生变化。但是与新零售的融合，将会让便利店更加便利，更有利于居民生活的改善和生活质量的提升。便利店要主动融入新零售中，不仅要更好地发挥线下的体验作用，还要拓展线上体验的新方式。

二、电商巨头布局线下便利店

便利店，可谓是零售业最火的话题之一，它的逆势上扬给低迷的实体零售业打了一剂强心针。

在新零售浪潮下，连锁便利店成为资本追捧的新风口，阿里巴巴、京东、苏宁等电商巨头纷纷入局。

1. 阿里巴巴——将 2017 年定为“新零售元年”

在2016年10月的阿里云栖大会上，阿里巴巴集团董事局主席马云在演讲中第一次提出了“新零售、新制造、新金融、新技术和新能源”的

五新战略，并将2017年定为“新零售元年”。

2017年2月20日，阿里巴巴集团和全国最大的全业态实体商贸企业百联集团签署战略合作协议，双方携手开启未来新零售时代的大门，如图0-2所示。阿里巴巴与百联集团正式开启线上与线下两种商业业态全面融合，必将产生强烈的化学反应，推动商业要素重构，这在中国零售史上具有里程碑意义。

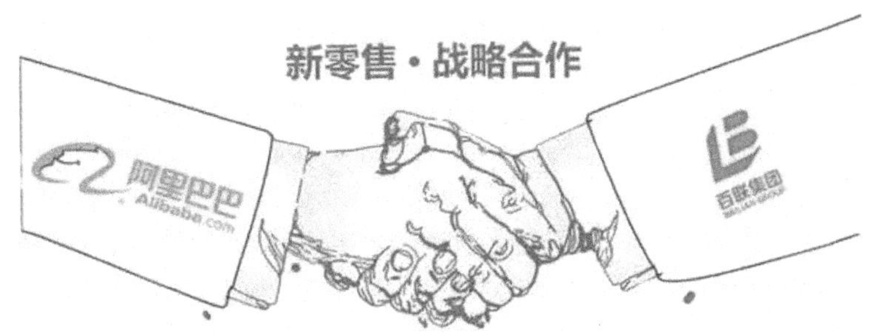

图0-2　阿里巴巴和百联集团实现战略合作

2017年5月26日，阿里巴巴集团与易果生鲜签订“股权转让合同”，阿里巴巴集团向易果生鲜收购联华超市18%的内资股股权，成为联华超市的第二大股东。入股后，阿里巴巴将对这些门店进行改造，将其打造成“满足消费者全时段、全客群、多场景消费需求”的新型超市。

2017年8月28日，阿里巴巴零售通宣布其覆盖的零售小店数量突破50万家，已成为快消B2B领域覆盖店数最多的平台之一。9月25日，天猫小店的“一路向北”计划已率先在天津、山东落地。图0-3所示为一个天猫小店开业的情景。

图0-3　一个天猫小店开业

阿里巴巴表示零售通在2018年将覆盖100万家零售小店，将帮助完成1万家天猫小店的改造，改造内容包括选品、会员、营销、门店改造、数据化等，其中重点是通过大数据连接品牌商和夫妻店，搭建智能分销网络，让小店可以足不出户完成商品补货，压低进货成本。

截至2018年4月，阿里巴巴零售通已签约了100万家小店，而2017年8月之前，这个数字还是50万家。

2. 京东——100 万家实体店将覆盖全国

2017年4月10日，刘强东震撼宣布，未来5年将在全国开设100万家京东便利店，其中一半在农村，中国每个村都将覆盖。三年内，还将在全国开设5000家“京东母婴体验店”。不论是商户还是个人，均可以加盟京东便利店，通过“京东掌柜宝”App线上进货，京东则为其提供品牌和货源支持。图0-4所示为一个京东便利店的实景

图0-4　一个京东便利店的实景

截至2018年3月，京东每周开的新店数量都在1000～1200家，每天接到50000份申请。

3. 苏宁——大力推广苏宁小店

在智慧零售大开发战略指导下，截至2018年7月15日，苏宁在本年度累计新开店达到2018家。7个月累计开店超过2000家，其时间之短、速度之快令人咂舌。值得一提的是，在苏宁这2000多家店面中，苏宁小店占据了很大的比重，截至2018年7月24日，已有796家苏宁小店在全国落地生根。作为苏宁智慧零售大开发战略的重要一环，苏宁小店颠覆传统，构

筑了零售行业发展的新模式。图0–5所示为一个苏宁小店的实况。

图0–5　一个苏宁小店的实况

苏宁小店的O2O模式在本质上是消费升级。因此，坚持以用户需求为导向，致力于升级服务体验便是苏宁小店的核心目的。

在场景定位上，苏宁小店以门店为载体，对消费场景进行细化，分出店内、2公里内、2公里外3个服务范围并提供差异化的商品，针对不同消费场景下的消费需求提供商品，极大地满足了用户的需求。

在运营模式上，苏宁小店采用线上与线下双中心运营模式：线上，苏宁小店App作为销售渠道实现商品销售、预订早餐等；线下，苏宁小店App作为店内互联网工具实现门店自提、扫码购物。

在业务布局上，苏宁小店以“快消品+生活服务类产品”组合培养用户的消费习惯，建立用户信任后再嫁接包括苏宁易购、苏宁金融任性付等商品和服务，为线上苏宁易购、线上金融提供流量入口。

未来，苏宁还将在相应的场景打造便利店+餐饮、便利店+咖啡、便利店+快递、便利店+家政、便利店+维修等多维度、多层次的服务，苏宁小店练就的“十八般武艺”为用户带来了真正“全方位”的便利。

三、本土品牌深耕区域市场

虽然7–ELEVEn、罗森等品牌知名度相当高，但实际上在中国门店数量最多的是一个本土品牌——位于东莞的美宜佳。

美宜佳便利店，由东莞市糖酒集团控股，自1997年成立以来，门店

发展以广东为中心，稳步布局全国。至2018年5月，门店总数超过13000家，遍及广东、福建、湖南、江西、湖北、河南、广西、重庆、安徽、贵州、上海、浙江、江苏13个省市。2018年，它进入长三角地区，形成华南、华中、华东三大发展格局，成为国内规模较大的特许连锁便利店企业。

与美宜佳类似，天福便利店、步步高连锁零售店也在深耕区域市场。天福便利店深耕南方市场，与美宜佳的策略接近，近年来保持了500家门店的增长速度。而步步高连锁零售店深耕西南市场，避开西南区域以外的零售市场，在实体店出现倒闭潮之时，2016～2017年，步步高逆势扩张，连续开店近100家，居行业榜首。2017年2月，步步高收购四川梅西商业，一举成为中国西南部零售业的“领头羊”。

在迅速扩张的同时，本土便利店品牌也在努力提高自身的竞争力。

以全时便利店为例，全时在2017年推出自有品牌，首批产品从耐用的日用杂货开始，如打火机、雨伞、袜子等，统一打上全时的标志，成为移动的小广告牌。全时的工作人员透露，他们在全国范围内精选了高品质的供应商，如一家为奔驰和法拉利定制雨伞的工厂。与此同时，全时也在布局全渠道经营。

全时自营微信商城及App【全时+】于2018年5月正式上线，并在天津推出了便利店行业的首个线上吃货节活动，凭借线上与线下融合创新，全时荣获2018中国便利店创新奖。图0-6所示为全时微信商城的界面。

图0-6　全时微信商城的界面

第一章

每日工作安排

便利店开门营业，正常运转，少不了店长的日常管理。例如：营业前要做好各项巡视检查；营业中要加强O2O运营、支付收银管理；偶尔有顾客投诉需要处理；甚至遇到突发事件也要处理。对此，店长要合理安排好每天的工作。

一、每日巡视检查

巡视工作是店长每日的核心工作。通过巡视，店长可以对便利店员工的仪容仪表、精神面貌以及店面进行仔细了解，尽可能早地发现存在的问题，并及时予以解决，以保证每天的营业工作顺利进行。

一般来说，便利店会出现 4 个购买高峰时段：一是 8：30 左右，二是 12：15 左右，三是 17：30 左右，四是 22：30 左右。店长在日常巡视工作中应对不合标准的行为及时进行纠正。

下面提供了一份××便利店日常工作巡检的范本，仅供参考。

××便利店日常工作巡检表

检查时间	检查事项	检查结果	具体事项与解决办法	确认人
6：00	员工准时到店并精神焕发	是（ ） 否（ ）		
	昨日报警设备有无设防	有（ ） 无（ ）		
	门窗有无破损或开启过的现象	有（ ） 无（ ）		
	昨日晚班人员有无填写巡场记录	有（ ） 无（ ）		

（续表）

检查时间	检查事项	检查结果	具体事项与解决办法	确认人
6：00	电器设备运转是否良好，速食设备是否清洁	是（ ） 否（ ）		
	照明设施有无损坏现象	有（ ） 无（ ）		
	卖场内有无偷吃商品的残迹	有（ ） 无（ ）		
	备用金是否足够	足够（ ）不足（ ）		
	昨日营业款有无投柜记录	有（ ） 无（ ）		
	门店商品陈列是否整齐、丰满	是（ ） 否（ ）		
	贵重物品库存是否正确	是（ ） 否（ ）		
	卖场、仓库及收银台内是否清洁	是（ ） 否（ ）		
	促销商品是否突出陈列	是（ ） 否（ ）		
15：30	门店运营秩序是否良好	是（ ） 否（ ）		
	仓库物品是否存放整齐并保持干净整洁	是（ ） 否（ ）		
	速食类食品是否及时售卖，排面是否整齐、丰满	是（ ） 否（ ）		
	工作人员工作状态是否良好，并能为顾客提供优质服务	是（ ） 否（ ）		
	商品陈列排面是否及时整理，并保持整齐、丰满	是（ ） 否（ ）		
	门店外围有无及时清洁卫生，保持干净、整洁	有（ ） 无（ ）		
	货架上有无残次、清场或临期商品在销售	有（ ） 无（ ）		
	交接班人员工作是否正常运行	是（ ） 否（ ）		
	门店营业款有无及时投柜，所有现金保管是否安全	有（ ） 无（ ）		
	存款时安全事项是否有保障	是（ ） 否（ ）		
	顾客意见是否及时记录及解决	是（ ） 否（ ）		

（续表）

检查时间	检查事项	检查结果	具体事项与解决办法	确认人
15：30	冷柜、空调等各种设备温度是否适宜，是否按公司要求开启	是（ ） 否（ ）		
	电器设备运作有无不正常现象	有（ ） 无（ ）		
	店内有无其他安全隐患	有（ ） 无（ ）		
18：00	门店运营秩序是否良好	是（ ） 否（ ）		
	仓库物品是否存放整齐并保持干净、整洁	是（ ） 否（ ）		
	工作人员工作状态是否良好，并能为顾客提供优质服务	是（ ） 否（ ）		
	商品陈列排面是否及时整理，并保持整齐、丰满	是（ ） 否（ ）		
	店内及门店外围是否及时清洁卫生，保持干净、整洁	是（ ） 否（ ）		
	所有验收货物是否按规范要求进行	是（ ） 否（ ）		
	货架上有无残次、清场或临期商品在销售	有（ ） 无（ ）		
	门店营业款有无及时投柜，所有现金保管是否安全	有（ ） 无（ ）		
	顾客意见是否及时记录及解决	是（ ） 否（ ）		
	送货服务是否及时	是（ ） 否（ ）		
	入夜时外围灯箱是否及时开启	是（ ） 否（ ）		
	冷柜、空调等各种设备温度是否适宜，是否按公司要求开启	是（ ） 否（ ）		
	店内是否已无顾客	是（ ） 否（ ）		
	门窗是否全部封闭上锁	是（ ） 否（ ）		
	营业员营业款是否全部存于保险柜内	是（ ） 否（ ）		
24：00	备用金是否清点准确，并安全存放	是（ ） 否（ ）		
	贵重物品有无安全存放	有（ ） 无（ ）		

（续表）

检查时间	检查事项	检查结果	具体事项与解决办法	确认人
24：00	店内商品陈列排面是否已全部整理整齐	是（ ） 否（ ）		
	容易遭鼠害的商品是否特殊存放	是（ ） 否（ ）		
	所有速食食品是否销售完毕，剩余商品是否正确存放	是（ ） 否（ ）		
	钥匙是否由专人负责保管	是（ ） 否（ ）		
	门店线路有无异常现象	有（ ） 无（ ）		
	白天开启的电器设备是否已关闭	是（ ） 否（ ）		
	员工自购商品是否进行标物核实	是（ ） 否（ ）		
	仓库、柜子、保险柜是否上锁	是（ ） 否（ ）		
	门店灯箱是否关闭	是（ ） 否（ ）		
	有无进行第二次复查工作	有（ ） 无（ ）		
	封场后外围是否存在安全隐患	是（ ） 否（ ）		
	报警设备是否能正常运行，有无设防	是（ ） 否（ ）		
	封场后外围是否存在安全隐患	是（ ） 否（ ）		

注：门店每日按照此表单做好巡查工作，此表单由店长填写，店长不在时由门店收银员填写。填写内容必须属实，否则按弄虚作假处理。

二、O2O运营管理

随着消费者网上购物习惯的养成，越来越多的实体零售企业将业务开展到线上，积极探索线上与线下融合的O2O模式。小而美的便利店业态也不例外，在线上与线下融合的大趋势下，便利店也纷纷玩起了O2O。

1. O2O与便利店

O2O即Online To Offline，是指将线下的商务机会与互联网结合，让互联网成为线下交易的前台，这个概念最早源于美国。O2O的概念非常广泛，只要产业链既可涉及线上，又可涉及线下，就可通称

为O2O。

便利店是人们在日常生活中最接近的商店，便利店可以随时掌控库存，随时实现交易。在当今O2O的趋势下，便利店对电商企业来讲是最能产生效益的发展策略。随着O2O的日益发展和完善，便利店O2O模式也将趋于成熟，并将开启一个全方位、宽领域的O2O新局面。

2. O2O 便利店的常见模式

从构建主体上来讲，目前便利店的O2O模式有如图1-1所示的3种。

实体超市巨头企业通过依托、自建、收购网络平台开展便利店O2O模式。例如：沃尔玛、华联、永辉、步步高等企业纷纷在O2O领域试水

电子商务巨头企业自建或整合社会上实体连锁超市企业开展便利店O2O模式。例如：京东集团已与上海、北京、广州等15座城市的上万家便利店达成O2O签约合作

3

快递公司依托自身覆盖全国的物流网络开展便利店O2O模式。例如：顺丰快递推出的嬴商网、嘿客社区全国518家门店同步开业以来，正在以“互联网+X”的姿态向市场展示其颠覆性的思维

图1-1 O2O便利店的常见3种模式

3. 便利店 O2O 发展前景

便利店O2O模式正在消费市场上掀起热潮，一些服务项目不能打包通过物流寄给消费者，而消费者又想享受线上的便利，因此便利店O2O模式成为服务类电子商务的“头等舱”。这样一个有前景的市场，其竞争无疑将是激烈的、具有挑战性的。

便利店O2O模式商务的关键，如图1-2所示。

图1-2 便利店O2O模式商务的关键

便利店O2O模式的重心应该说更偏向于线下，更利于消费者，让消费者感觉消费得较踏实，能够弥补现有电子商务的不足。

在O2O时代，将有数百万乃至更多的拥有线下实体实力的商家走到线上来。这也就意味着虽然便利店O2O的机会很多，未来的便利店O2O将是一种多层次、多维度的复合生态体系，不断向多元化和纵深化发展，更多的是互补与合作，一种共生共赢的关系。

4. 以实体超市为主导的便利店 O2O 模式

对以实体超市为主导的便利店O2O模式，可采取图1-3所示的运营策略。

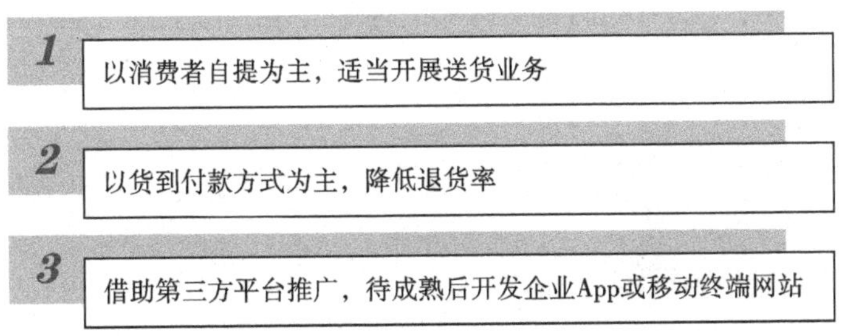

图1-3　以实体超市为主导的便利店O2O模式的运营策略

（1）以消费者自提为主，适当开展送货业务

以实体超市为核心的便利店O2O模式凭借地理位置在线下具有强大的优势，可以通过构建或与电商平台合作，使便利店变成电商商品的配送节点，消费者线上下单，去便利店就近取货，不仅充分保证包裹的安全，也为便利店增加进店率，开拓新的业务。同时适当开展送货服务，优化“最后一公里”，满足消费者及时性、便捷性的需要，也免去了售后难的问题。

（2）以货到付款方式为主，降低退货率

在支付方式方面，因为消费者在便利店购物大部分是小金额消费，推荐采用货到付款模式。消费者通过电商平台购买商品后，可到当地便利店领取物品支付现金，也可以直接支付给送货员，这种方式可以提高便利店的客流量，使用户消费质量得到保证，降低电商平台购物诈骗的可能性。为了消费者购物便利，实体超市也可采用第三方支付模式，用户在便利店消费后，进行线上支付。

（3）借助第三方平台推广，待成熟后开发企业App或移动终端网站

随着科技发展，实体超市发展便利店O2O模式应该更注重移动终端的用户体验。实体超市一开始可以选择依托成熟的购物平台并与其合作，将店面信息展示在第三方网站，借助其知名度进行宣传，成熟后开发专属App或移动终端网站，给予消费者更大优惠。

例如：好邻居便利店在微信公众号上加入新菜单“有求必应”，这是提供上门服务的O2O平台，服务项目除了居家保洁、家电清洗之外，还有手机维修、汽车保养、数据恢复等业务，甚至还包括上门开锁、情感咨询等小众业务，如图1-4所示。

图1-4　好邻居在微信公众号上加入“有求必应”菜单

“有求必应”App中将自己定位为生活服务一站式消费平台，该平台隶属于北京看过科技有限公司。好邻居是该公司首次在传统零售领域开展的合作，通过好邻居产生的订单金额会以分成的方式作为好邻居提供入口的权益。

5. 以电子商务企业为主导的便利店 O2O 模式

对以电子商务企业为主导的便利店O2O模式，可采取图1-5所示的运营策略。

01	以消费者自提为主，提供多种类型的配送服务
02	以第三方支付为主，支持货到付款
03	依托电商原有信用，以网上交易为主，突显网购便利化
04	依托原有电商平台，扩展便利店业务分支

图1-5　以电子商务企业为主导的便利店O2O模式的运营策略

（1）以消费者自提为主，提供多种类型的配送服务

在货品配送方面，可以选用包裹自提模式。

例如：全家Family提供24小时便利店自提业务，在保证商品按期送达的同时，允许客户灵活安排时间收取商品，极大地提高了收货的便利性。

电商企业与便利店合作，采用就近送货模式把线下便利店纳入一个统一的信息系统，用户在电商平台下单后，由最近的便利店送达，省去了电商物流环节，资源得到更合理的配置，极大地满足了客户对及时性、便捷性的需求，使效率达到最大化。

（2）以第三方支付为主，支持货到付款

在货款支付方面，基于第三方支付的便捷性和消费者的网购习惯，最好选择第三方支付，但有的消费者为了保障质量，配合以货到付款。通过网上订购、进店检查、货到付款这个流程，消费者权益得到最大的保障。

（3）依托电商原有信用，以网上交易为主，突显网购便利化

由于电商企业已积累大量线上购买评价信息，因此本模式以线上评价为基础进行销售服务，节省消费者线下购物的时间成本。也可辅以线下体验的销售方式，提高客流量，改善用户体验，使消费者购物更放心。最终交易主要通过线上完成，要杜绝线上与线下价格不一致的冲突。

（4）依托原有电商平台，扩展便利店业务分支

因为电商企业已有网上购物平台，所以无须依附其他平台和网站，可以在原有平台基础上延伸便利店相关服务内容，实现按需推送、物流提醒等人性化服务，方便用户更加快速、方便地了解购物信息。

6. 以物流公司为主导的便利店 O2O 模式

以物流公司为主导的便利店O2O模式，可采取图1-6所示的运营策略。

1 以配送服务为主，强调配送速度和质量

2 第三方支付和货到付款的灵活结合，消费者自主选择付款方式

3 做好售前与售后服务，加强线下体验，实现差异化竞争

4 充分利用现有物流网站及软件，为消费者提供更加精准的送货跟踪服务

图1-6　以物流公司为主导的便利店O2O模式的运营策略

（1）以配送服务为主，强调配送速度和质量

便利店应当充分利用物流公司的物流配送能力，突出配送速度和质量，开展指定时间配送和快速配送的专项服务。同时，允许客户灵活安排时间收取商品。差异化的竞争优势使客户的及时性、便捷性的需求得到最大满足。

（2）第三方支付和货到付款的灵活结合，消费者自主选择付款方式

在支付方式上，第三方支付与货到付款都可以应用于以物流公司为主导的便利店O2O模式中，使用户的消费质量得到保证。二者根据消费者需要相结合，提高满意度。

（3）做好售前与售后服务，加强线下体验，实现差异化竞争

物流企业应当对上架商品严格把关，通过精准的客户分析精选产品，与传统便利店进行区分。同时，突显线下的售后服务，完善线下体验、发展退换货业务、上门安装等，使O2O便利店更好地与物流衔接，与传统电商形成差异化竞争优势，弥补价格上的不足。

（4）充分利用现有物流网站及软件，为消费者提供更加精准的送货跟踪服务

在应用技术上，便利店可通过免费的便民服务或优惠宣传引导用户安装App，进行宣传推广，使用户在App中了解更多促销、优惠信息，提升顾客的购买量，同时完善店内商品的种类，使其更具特色，依靠健全的物流平台，为消费者提供更加精准的送货跟踪服务，推动企业的宣传

和达成用户的购买。

相关链接

便利店纷纷探索O2O模式

现在越来越多的便利店出现在美团外卖、百度外卖、京东到家等O2O平台上。2016年年初，罗森入驻了百度外卖，双方共同推出商超到家服务；本土便利店品牌全时入驻了百度外卖、美团外卖和京东到家；重庆7-ELEVEn借势外卖平台，开展O2O业务；美宜佳入驻了美团外卖、并与闪电购达成合作，将线下的生意搬到线上，如图1-7所示。

图1-7 美宜佳将生意搬到线上

便利店开拓线上业务，一是本着为消费者提供更加便捷服务的目的，同时更是适应企业发展的需要。罗森方面表示，由于实体店面积有限，便利店所能呈现的商品受到限制，借助外卖线上平台以及线下高效的同城物流配送资源，可以扩展罗森的商品及服务。另外，还能增强公司的品牌效应。

从线下走到线上已是大势所趋，然而，对便利店来说，O2O也并非

业绩提升的“神仙水”，毕竟影响其销售业绩的不仅仅是渠道问题。

近年来，我国便利店行业发展迅速，无论是外资便利店还是本土便利店，都在快速“跑马圈地”。但便利店在快速扩张的同时各种问题也随之而来，其中最大的问题就是同质化。业内人士认为，严重的同质化导致消费者对便利店品牌的认知度较低，便利店如果想要获得更好的发展空间，打造差异化是唯一途径。即使与互联网结合后，差异化也是其在线上大战获胜的一大利器。

以北京南站附近的右外东庄为中心，附近有邻家便利店、松鼠便利、华联超市、爱鲜蜂等几家便利店。这几家便利店各自的起送金额为20元至30元，配送费也从2元至6元不等。其中爱鲜蜂的月销售量最高，店内盒装水果最热销，月售上千单，芒果、千禧、火龙果的销量在2000单以上。松鼠便利中信城店的热销商品除了瓶装水类之外，哈哈镜品牌的卤制品月销量也很大。邻家便利店开阳里店的热销产品为水产品类，关东煮与便当销量很低，甚至为0，饭团寿司、三明治的月销量也在个位数徘徊。

我们可以看出，对便利店线上业务而言，具有特色的产品是吸引消费者购买的重点。一家便利店拥有一种或几种特色产品，就能够吸引消费者在此店下单，并吸引其顺便购买其他商品。

除与上门式O2O平台合作外，也有部分便利店与综合电商平台合作，如太原唐久便利店与京东合作。早在2013年11月，京东就与唐久便利展开合作，当时唐久便利店被视为京东零售O2O的标杆样本。合作模式是唐久在京东商城开设唐久网上大卖场，京东给唐久提供线上支持如图1-8所示，唐久便利店帮助京东进行线下投递。

图1-8　京东给唐久提供线上支持

然而，京东给唐久便利店的线上支持也仅是提供了一个平台入口，唐久大卖场仅仅是京东平台上诸多第三方卖家的一员，无论是配送时效还是售后服务，都没显示出特别的优势。大卖场上的商品由唐久大卖场自己发货，全国销售，非太原地区的订单由第三方物流公司配送，到北京的派送时间一般为3～5天。

此外，唐久便利店线上的太原地区订单一般需要消费者到门店自提。如果消费者有特别需求，门店的工作人员在空闲时也可以送货上门。

在众多便利店追逐上门O2O时，唐久便利店为何依然选择到店自提呢？业内人士认为，便利店O2O应该培养顾客到店自提的消费习惯，让顾客体验门店商品和服务，在店内产生连带消费，体现“让互联网成为实体店交易前台”的O2O本质。到店自提产生连带消费或许也是唐久便利店弥补配送时效不足的另一张牌。

业内人士认为，企业经营模式的选择并无对错，无论是开拓线上业务，还是坚守实体店，都能走出一条自己的路。

三、移动支付管理

在购物高峰期，顾客排队是让便利店头疼的问题。刷卡、找零等既定流程的时间损耗，既增加了顾客的等待时间，又影响了门店的运营效率。移动支付，顾客可不带现金、也不带银行卡，只需在手机上操作，就可以在实体店买东西，仅3秒左右顾客就可拿起商品走人，门店简化了收银流程，提升运营效率，顾客则减少等待时间。

1. 移动支付与便利店合作

从2015年开始，在线支付不断往线下扩张，使用支付宝、微信的移动支付迅速在各实体店蔓延。各大零售商纷纷拓展移动支付业务。

例如：自2015年5月起，与支付宝全面合作的零售巨头沃尔玛，继6月深圳25家门店试点微信支付服务之后，将微信支付服务推广到北京、上海、广州、重庆、杭州、苏州等11个城市的100多家门店。顾客只需出

示自己的微信付款码，让收银员扫描一下即可付款。

而连锁便利店实行24小时不打烊的“夜经济”，让移动支付有了更大的发展空间。这些便利店大多在2014年年底，就已开始与支付宝或微信合作，开展移动支付业务。

2. 移动支付的好处

传统的现金支付，主要存在图1-9所示的4个痛点。

1. 收银员要面对假币、残币风险，即便已经非常小心，但层出不穷的假币还是防不胜防
2. 门店的现金营业款有保管风险。便利店被抢劫的风险一直存在
3. 繁杂反复的找零动作让收银员疲惫不堪，店长还需要每天去银行排队存款
4. 为了找零，门店要准备大量的零钱，但银行提供给门店的零钱是有限的，店长只好去菜市场、摊档等地方兑换零钞

图1-9　传统的现金支付的痛点

使用移动支付的优势明显，具体如图1-10所示。

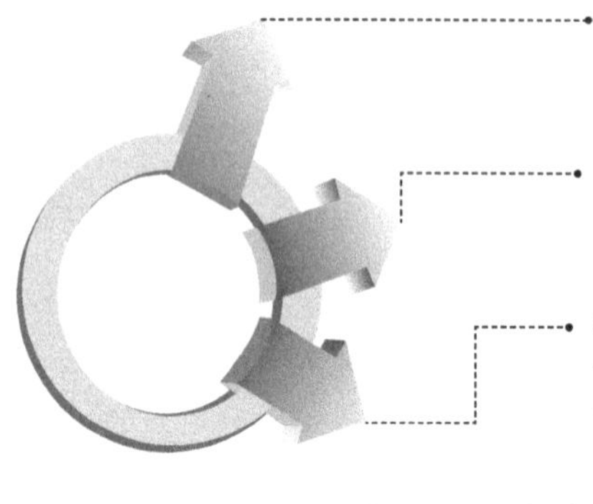

图1-10　移动支付的优势

专家认为，零售商业正在变得更加人性化，新型零售业通过挖掘会员消费记录的数据辅助其经营决策，零售业应用大数据的优势在于目标精准，即使偶尔出错也可随时修正，时时优化。利用滚动的小票数据，

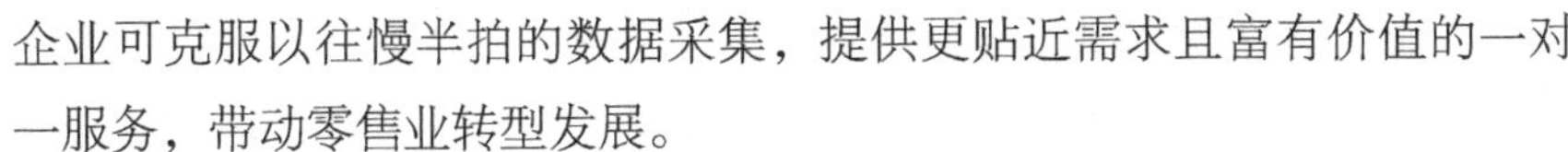

企业可克服以往慢半拍的数据采集，提供更贴近需求且富有价值的一对一服务，带动零售业转型发展。

3. 移动支付方式

目前餐饮店使用的移动支付大多采用以下两种方式。

（1）静态二维码支付

静态二维码支付就是大家常见、常用的方式，将个人微信支付、支付宝等收款二维码打印出来，让顾客主动扫二维码输入金额支付，如图1-11所示。

图1-11　静态二维码支付示例

自2018年4月1日起，央行印发《条码支付业务规范（试行）》的通知，同一客户单个银行账户或所有支付账户、快捷支付单日累计交易金额不能超过500元。

管理妙招

建议餐饮店最好在客人桌边贴上支付二维码，这样客人买单时不必离桌，掏出手机扫一扫桌位上的二维码，即可在手机上调出消费账单，完成支付。

（2）动态二维码支付

动态二维码支付（微信支付或支付宝收款二维码）每分钟都会自动

更新，并且二维码仅一次有效，安全系数较高。动态二维码支付示例，如图1-12所示。

图1-12　动态二维码支付示例

2013年12月，美宜佳成为首家上线支付宝钱包条码支付的便利店连锁店，用户打开支付宝钱包客户端，亮出条码，店员用扫描枪扫一下，即可完成收款。

相关链接

便利店借力支付宝的新玩法

2015年5月28日，首个“支付宝日”，知名便利店品牌——全家在不到一天的时间里，用支付宝付款的交易笔数超过10万笔。

“8折优惠，5元封顶”，这样的力度绝不算大。在这种情况下，全家不到一天拿下超过10万笔的支付宝交易，说明全家在移动支付上的探索力度远超同行。

全家相关负责人表示，与支付宝的合作非常密切，接下来还会更加深入地合作，如电子会员卡等，一起探索便利店与移动支付结合的新玩法。

据透露，全家会与支付宝合作，将会员卡与储值卡电子化。用户通过支付宝钱包就能领取全家的会员卡，享受会员权益，包括积分和会员

商品。

这对整个便利店行业都是极具借鉴意义的探索和尝试，这种探索有几个显而易见的优势。

其一，流程大大简化。之前，便利店发展会员，需要手动填写会员信息，手续复杂且不够精确。现在依托支付宝的实名网络，电子会员卡可以实现自动匹配信息。

其二，成本大幅降低。之前，发放一张实体会员卡，物理成本至少在1~2元，还要送积分等其他会员权益。而通过支付宝收款之后，全家可以实时引导用户关注它的服务窗，继而领取电子会员卡，成本几乎为零。

借力支付宝的平台，电子会员卡发展到一定规模后，就能有很多更高效的玩法。

最大的变化体现在数据上。以往，精细化管理、连锁经营的便利店，每天都会让每个门店上传具体商品的销售信息，进行分析，以优化不同类型的商品库存数量。现在，接入支付宝的体系之后，数据的维度更加丰富。除了便利店自己掌握的商品数据之外，企业也可以在支付宝开放平台获得消费者的数据。

之前，支付宝方面也表示，将对外部的合作伙伴开放自身的数据能力。例如：开放相关接口，给出相关标签，描绘用户画像。

这样，便利店经营者把自己的商品数据，与消费者的用户数据结合分析，会打开很多新的空间。例如：针对特定人群的精准营销，给不同的人群主动推送不同的信息。

更进一步，针对某个具体的门店，分析其经常光顾的消费者是哪类人群，周边居住的又是哪类人群。中间的契合点和差异性，又在哪里？能不能通过改变商品的种类与配比，来提升与周边人群的匹配度，进而提高到店率？

便利店通常面积不大，商品种类在2000~3000种。其最大的死敌，是销量好的商品断货，而卖不动的商品占据很大的货架面积。这样就降低了商品的动销率，影响门店单位面积创造的效益。借助支付宝平台的大数据，精准分析到店人群特性，增加他们需要的商品，可以有效解决这些难点。

如果再深入一步，当便利店掌握了越来越多的用户数据，它就可以

通过自己的线上会员体系代售其他季节性定制商品。例如：中秋节前后卖大闸蟹、月饼等。消费者到店取货，也可以增加到店客流，带动其他商品的销售。

当然，这些都还是一些简单的例子。在精准的数据支撑下，便利店通过与支付宝的合作，还能摸索出更多有趣的玩法。

四、商品采购管理

在整个零售的链条里，从选择商品到寻找供应商、定品和定价谈判等一系列的业务程序都离不开采购的支持，所有运营环节中出现的问题也与采购息息相关。

当前，面对新的市场需求环境、零售市场环境，便利店的采购工作也要做出相应的调整，以适应新的经营需求。

1. 商品价格带的设置

所有商品价格带的设置，首先要保证不违反市场的一些既定规律。这就要求店长对市场上的一些敏感商品和一线品牌的价格有所了解，无论是进价还是其他零售行业所售卖的商品的价格，店长都要有所了解，这是便利店定价的基础。否则，就可能是闭门造车。

每个分类的价格带的设置，都要根据商品的属性做区分。

对于休闲品，店长可以根据每个供应商提供的商品进价、店铺对利润的需求，以及建议零售价等去定价。

同一个品类的同一种产品，同一个品牌的同规格的商品，最好定同样的价格。这样，顾客比较容易接受，便利店也可避免一些不必要的解释。

2. 采购策略

便利店经营商品品种的变化，主要源于商品生产的发展。商品生产发展得越快，新旧交替越频繁，商品生命周期也就越短。店长应时刻注意这种变化对商品品种带来的影响，扩大新商品的经营比重，减少或淘汰不适合市场需要的滞销品，使商品品种不断更新。因此，店长要注意图1-13所示的几个方面的变化和影响。

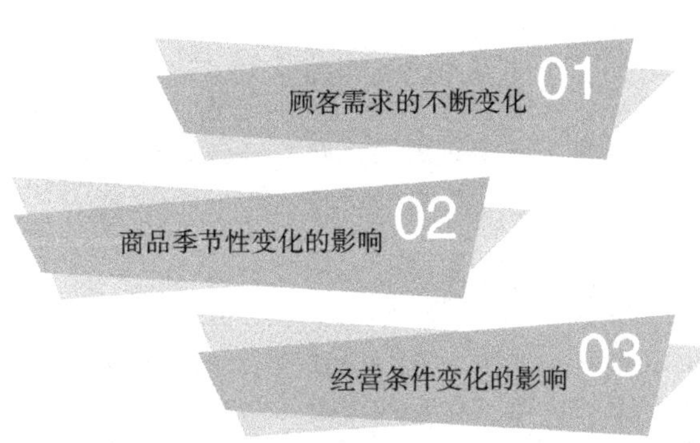

图1-13　店长要注意的变化和影响

（1）顾客需求的不断变化

随着顾客购买力的提高，顾客的需求不断变化，这种变化不仅反映了顾客对商品数量需求的增长，而且更多地表现在消费结构和爱好习惯的变化上。因此，店长要预测这种变化趋势，有预见性地迎合消费者，及时调整商品品种。

（2）商品季节性变化的影响

季节性商品在不同时期有不同的经营比重，便利店适应生产季节或消费季节的需要，调整各个时期的商品比重，既能保证顾客的需求，又能防止过季商品的积压。

（3）经营条件变化的影响

经营规模扩大或缩小，人员增加或减少，势必会使便利店相应地增加或减少所经营的商品种类。

除此之外，商品采购需要便利店在购销过程中，结合本店的实际和

各种商品的不同特点，认真研究目标市场的需求态势，分别采用不同的购、销策略，以求得购、销活动与市场需求的动态平衡。具体采购策略如图1-14所示。

消费需求比较稳定的日用品

便利店经营商品的销售情况往往与消费需求的状况一致。在这种情况下，可以以销定购，即销售什么，采购什么；销售多少，采购多少

市场需求波动较大的商品

店长必须认真研究市场需求的变化趋势，当市场需求呈上升趋势时，要积极组织采购；当市场需求呈下降趋势时，要少购甚至不购

一些季节性商品

店长需要在认真研究市场环境的前提下，分析消费需求的变化趋势，预测商品的销售量，进而决定采购量、采购时机，防止过季积压和旺季断货

图1-14　采购策略

3. 采购注意事项

店长在组织人员采购商品时，要注意以下几点。

（1）制定经营商品目录

经营商品目录是便利店在其经营范围内应该经营的全部商品目录。店长制定经营商品目录，应考虑商品货源、市场变化、消费者的购买习惯和要求、企业的经营特点、经营能力、季节的变化等，逐类逐个确定哪些是必备商品，哪些是经营范围内的商品，既要防止定得太粗，过于笼统，缺乏实际指导作用，又要防止定得太细，过于烦琐，不利于执行。

（2）编制进货计划

便利店的进货是以进货计划为基础的，进货计划是在对市场变化、货源情况、销售动态等做了充分调查研究的基础上，参考现有储存量及各种变化因素，在资金占用合理的情况下，定期提出的计划，包括商品种类、规格、数量、产地、单价、型号、进货地点、到货时间等。进货

计划按时间分为年度、半年、季度和月份，一般以季度为主。

（3）签订进货合同

签订进货合同是实现进货计划的保证，也是加强企业之间经济协作，促进双方加强经济核算，改善经营管理，提高产品质量和服务质量的有效手段。

（4）及时提货，认真验收

采购人员办完进货手续后，要及时组织提货，尽快使商品上柜，当地进货一般是自行提运；外地进货，按照“及时、准确、安全、经济”的原则选择运输工具和运输路线，商品到达后，要认真进行验收，及时将商品上柜。

在组织外地进货的过程中要注意“四进、四不进”的原则，具体如图1-15所示。

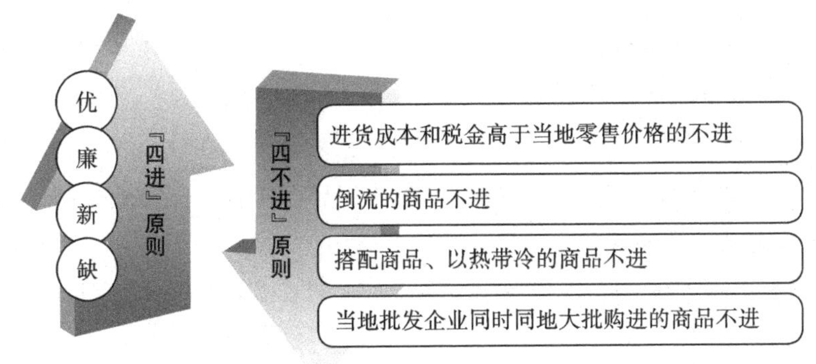

图1-15 “四进”“四不进”的原则

社区便利店如何进货

1．分析社区消费对象，做好商品分类

我们可以通过3个方面分析社区便利店的主要消费者。

（1）分析经营的对象

社区便利店的消费者，主要以居住在周边的家庭为单位，儿童、上班族、老人、家庭主妇等都是便利店的潜在顾客。

（2）分析顾客的购买力：为了满足社区居民对应急性、灵活性和便捷性的购物需求，便利店需要提供大众化的商品。

（3）分析顾客的服务需求

社区居民需要能贴近他们日常生活的便利店服务，便利店可以通过亲切和实用的服务拉近与居民的距离，让自己变得不可或缺。

2．根据居民消费习惯确定商品结构

明确了社区便利店的主要消费人群以及他们的消费需求后，我们可将便利店商品分为两大类。

（1）社区便利店里必备的商品

开在社区商圈的便利店，商品应以能吸引小孩和年轻人的休闲食品、能满足家庭日常生活和应急需求的日用杂货为主，这些都是便利店里必不可少的商品。

① 零食类：如饼干糕点、加工卤制品、坚果，还有风幕柜里的矿泉水、饮料和啤酒等，休闲零食和饮品是社区便利店必不可少的一类商品，常年受到居民喜爱的商品。

② 生活用品类：如小规格的调料粮油和洗涤用品、散装的卫生纸、少量的牙刷牙膏等。便利店的生活用品不能像超市一样面面俱到，要精选大众化的、能满足应急需求的生活日用品。

③ 熟食小吃类：如便当、关东煮、车仔面等熟食，以及面包、奶制品等日销商品。与居民区的小型餐厅相比，便利店的熟食更加卫生和方便，受到了快节奏的年轻人的喜爱。

④ 其他杂货类：如创可贴、计生用品、咽喉片等应急性的医疗药品和香烟等热销商品，便利店可以将它们统一陈列在收银区的小前架内。

（2）具有社区便利店特色的商品

除了以上4种必备商品，社区便利店要突显与其他商圈便利店的不同，就要有针对性地选择一些特色商品，来满足居民生活的需要。

① 生鲜蔬果类：如果在社区周围没有菜市场，或距离大型超市较远，社区便利店就有了销售生鲜蔬果的机会，来满足社区居民购买肉类和蔬菜回家烹饪的需求。

② 便民服务类：如食品加热、代缴话费、代充乘车卡的传统服务；代收快递和网上预订商品的互联网服务等，都为社区便利店本身增加了

附加价值。

3．社区便利店商品采购的注意事项

（1）采购时注意对商品的选择

便利店销售的商品一定要具有能满足大众化和应急性的特点。选择的商品之间既要能形成关联销售，也要有高利润和薄利多销的商品搭配，以达到让便利店整体盈利的状态；同类商品不要有太多的选择，且尽量选择小包装或散装的商品，以便集中顾客的购买力，提高商品回转率。

（2）注意对供应商和厂家的选择

我们不但要选择商品本身，也要选择商品背后的厂家和供应商。选择渠道正规、商品质量有保障的供应商，让顾客买得放心，便利店卖得安心；选择可以提供退换货服务或按比例回收的厂家，避免因新商品销量差而造成巨大损失。

（3）其他注意事项

① 采购前要做好采购计划表，有针对性地采购商品；

② 以“少量多次”的原则进行采购，尽可能减少库存压力和风险；

③ 采购的商品要符合季节性和流行趋势，不要盲从。

在选择便利店销售的商品时，与其照搬别人的便利店，不如看清门道，先学会挑选商品的方法，再结合自己便利店的选址和定位特点进货，这样才能让我们的便利店更具特色，在日趋激烈的竞争中赢得更多顾客的青睐。

五、商品收货管理

便利店每天都会收货，因此店长要做好商品收货管理。

1. 收货注意事项

便利店在商品收货中，经常会出现订货单商品编码与配送单商品编码一致，但条码、数量与配送单中商品条码、数量不一致的现象。因此，店长在收货过程中，需要注意图1-16所示的事项。

01	将货卸到指定区域或安排好的区域，注意与便利店原有货品隔离
02	送货人员与便利店人员一起清点
03	按货找单依次清点，散箱货品要逐一清点
04	检查收货商品保质期及包装
05	在数量有差异时按实际数量填单（不收大于收货单上数量的商品）
06	全部清点完成并检查无误后签字并加盖“收货专用章”
07	按纸质收货单录入数据并检查录入的数据是否准确并审核

图1–16　收货注意事项

2. 收货标准

商品验收应按表1–1所列的标准。

表1–1　商品验收标准

序号	验收项目	验收标准
1	外包装	商品外包装不得有破损，不得有拆封过的痕迹。包装的外观应整洁、干净，无污染。熟食类食品的包装应特别注意密封性、安全性和卫生性
2	内包装	包装层次较多的商品，要注意内部商品不得有破损。内部小包装不得有任何形式的损坏，要保证商品自身结构完好无缺
3	质量	在验收商品时，所有商品的质量必须达到商品规定的质量标准，一定要有商品合格证。要注意食品本身的色质、新鲜度是否保持良好，严禁有异味、污垢
4	保质期	严格查看商品的生产日期、保质期，不得有过期或即将过期的商品
5	商标品名	所有商品的商标品名、生产商、生产地都必须完整（进口商品必须贴有中文标识）而且印刷清晰、无遗漏，要保证商品的品质。严禁三无商品进入门店销售
6	条码	要求所有的商品条码必须印刷清晰、易读，条码符合国际印制标准，而且严禁重复不同的规格条码

（续表）

序号	验收项目	验收标准
7	品名规格	仔细查看商品的规格，根据商品的包装、容量核对商品规格是否正确，并检查商品规格的标识单位是否统一
8	数量	商品数量的验收是最基本的商品验收程序，验收时应注意认真核对送货单所列的各项数量与实物数量是否相符，不同条码、规格、包装的商品数量一定要与送货单上列出的各类项目的数量相同。严禁混在一起清点总数量
9	单据	送货单上的字体一定要清晰，单据的号码要每页相同，并注意单据上的送货地点是不是本店，防止误送，还要注意出货日期及送货日期是否与当日吻合，单据的填写是否按公司规定，相关人员是否签名

六、顾客服务管理

商品在销售过程中，自始至终贯穿着便利店服务人员对顾客的服务。销售过程也是对顾客的服务过程。服务推动着销售过程顺利进行，也给顾客带来愉悦感。

1. 以为顾客服务为宗旨

便利店在经营过程中，应遵循以下服务宗旨，以吸引更多的顾客。

（1）根据顾客需要调整上架商品

便利店重要的工作就是从顾客的需求出发，以创意增值为原则，积极开发极具特色的便民服务，为顾客提供一站式的便利购物服务方案。

（2）从卖商品到卖服务

在便利店的竞争中，多数商家会将关注的焦点放在传统竞争要素上，如费尽力气寻找好的店址，增加经营的商品数量，不断延长营业时间等，但是位置好的地点数量是有限的，有限的空间必然不能摆放更多的商品，而一天也只能有24小时。

便利店要想将这些做到最好，并真正区别于其他竞争对手，就要不断地根据顾客要求持续补充服务内容，并利用便捷的网络系统，实现真正的便民服务。

例如：24小时营业的7-ELEVEn在中国常选择开在大型写字楼以及居民区旁边，成为上班族常去的地方。很多饥肠辘辘的白领在深夜下班还能在单位附近买一份快餐，这种温暖的感觉不言而喻。

2. 销售服务特征

卖场服务人员提供的服务与顾客自我服务相比具有以下特征。

（1）可以直接听到顾客的反馈

顾客对商品、店铺各方面的褒贬评说、意见要求，服务人员可以直接听到，并反馈给店铺的有关部门，促进便利店改进商品货源，甚至把意见反映给供货商，改进商品，改善店铺的经营与形象。

（2）可以针对个别顾客提供商品信息与服务

在自我服务的店铺里，以同种信息与所有顾客沟通，不能满足个别顾客的要求。销售人员可以在顾客的要求下提供详尽的信息，使顾客更加充分地了解商品，推动顾客做出购买决定。

（3）可以选择有效的方式满足顾客

顾客在购买商品的过程中会出现许多问题。卖场人员可以根据顾客的问题、特点采取有效的方式给予解决，并且不断更换解决问题的方式，直到问题解决、顾客满意为止。

（4）可以使顾客持久注意商品，促进冲动购买

在便利店里，卖场服务人员的接待服务使顾客对商品能够充分观察，并有了进一步的了解。虽然有些商品并不是计划要买的商品，但是经过卖场服务人员的介绍，会使顾客产生购买冲动。

（5）卖场服务人员在特定时间内接待顾客数量少，并且付出较大的劳动

顾客自我服务的店铺以较大的空间同时接待许多顾客，顾客等候时间几乎为零；而人员服务的店铺，受卖场服务人员接待能力的限制，在顾客集中的情况下，一些顾客不能马上接触商品或进行交易。

3. 销售服务技巧

销售是便利店卖场服务人员与顾客的双向沟通，也是双方情感交流及心理活动的过程。销售的核心是耐心说服顾客和正确引导顾客的购买

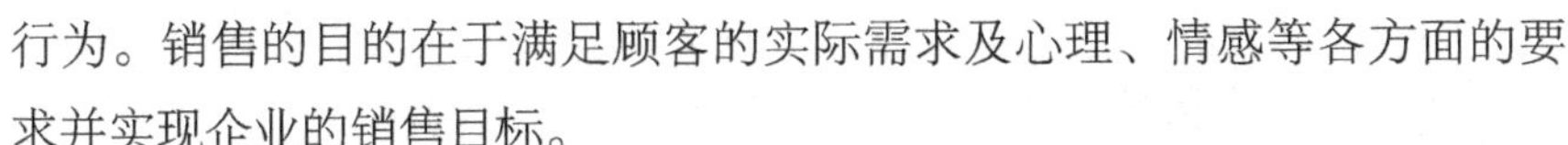

行为。销售的目的在于满足顾客的实际需求及心理、情感等各方面的要求并实现企业的销售目标。

便利店自身的特点决定了店里的服务人员不可能像大超市、大卖场那样，1～2个专柜就会有一个专人负责，而在便利店里，其门店原则上没有员工专门看柜，但是随着便利店运作模式的日益规范化，越来越多的便利店会安排一定的员工专门负责巡场，关注顾客的购买过程，以便在顾客产生疑问和出现问题时主动上前帮助其解决。

（1）了解商品的特性

虽然便利店不需要专门的导购员，但是顾客在购物时非常在意自己享受到的服务，特别是在商品定位较高的便利店，其目标受众多是中等以上的白领阶层，他们对服务的重视更甚。因此，店内员工如果了解门店商品的基本特性和用途，对商品的销售就会有促进作用。具体如图1-17所示。

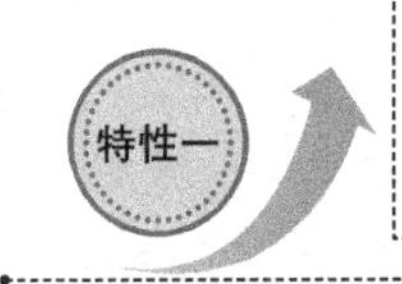

了解商品的特性，包括各类产品的价格、规格、质量、功效、口碑、服务等。做到说得清、讲得明，满足顾客的需求，实现商品销售

了解竞争品牌的商品特性，包括最新、最热门的商品特性，区别于其他品牌的优势等

图1-17　店内员工应了解的商品基本特性和用途

（2）将服务标准化

一般来说，便利店的店面通常比较小，所以在运营过程中对顾客的服务要求非常严格。便利店应制定标准化的服务流程，以便对销售过程的质量加以控制。

（3）通过细节吸引顾客

在商品或服务同质化的今天，便利店要想在众多的竞争对手中脱颖而出，就应善于在满足顾客需求的前提下，通过细节打造卖点吸引顾客，充分发挥自己的主导作用。处处从消费者心理出发，考虑消费者群体的购物习惯及消费嗜好。

相关链接

罗森便利店的服务创新

1．便利店+生鲜

便利店卖生鲜，不算是新现象，这最初是从社区便利店开始的。没有菜市场的社区，为了满足社区住户对生鲜产品的需求，便有了“便利店+生鲜”。

从2018年3月开始，日本罗森也开始卖生鲜了。顾客可在手机App上下载专用软件，订购蔬菜和肉等生鲜。上午8点之前订购，当天下午6点以后可以在指定店铺领取商品，并在便利店内进行账单支付。

该新服务计划先从东京都世田谷区、涩谷区、川崎市，横滨市共计约200店开始，计划到2019年中期向大阪、名古屋等扩大服务范围，涉及生鲜品和半成品蔬菜料理套餐等，摆放约500个SKU商品、以及成城石井超市部分商品。

“因地制宜”，便利店行业亦然。如2013年年底，罗森在80家门店卖重庆小面和酸辣粉，随后推出罗森超市，在超市卖蔬菜和水果。

2．融合新业态，多元化跨界合作

未来的市场，不是单一形态，多元化跨界融合才是方向。

2016年年初，部分罗森店铺导入手机充电设备；9月，上海华联罗森有限公司与常州瑞和泰食品有限公司合作；10月起，罗森部分门店引入百度外卖服务，第三方配送。同年11月，上海罗森与江阴华联商厦有限公司共同投资江阴华联罗森总部园项目，旨在打造集加工、生产、物流为一体的全新基地。

2017年4月，罗森与中国电信无锡分公司跨界合作。

2018年2月，罗森与江阴华联携手推出江苏鲜华物流有限公司，标志着罗森从此在江苏地区具备了实现省内配送覆盖的基本条件，毫无疑问，这对罗森是具有极其重要的战略意义的事情。

3．便利店+IP打造主题店

2018年1月，上海哔哩哔哩总部大楼下，一家B站与罗森便利店合作的主题店刚刚开业，门店的整体设计以蓝白色调为主，从店内装饰、员

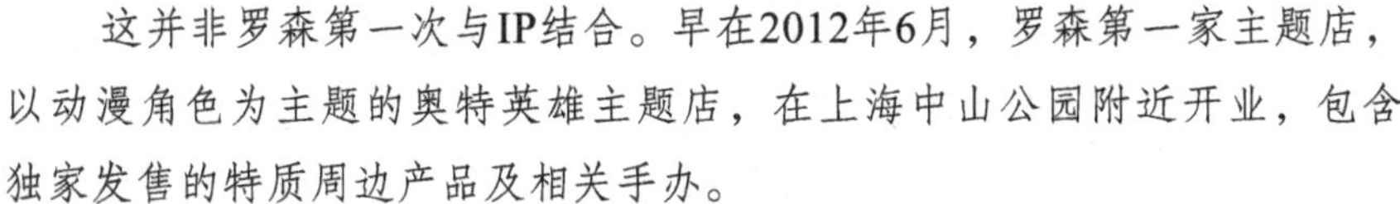

工制服到食品包装均为特殊定制。

这并非罗森第一次与IP结合。早在2012年6月，罗森第一家主题店，以动漫角色为主题的奥特英雄主题店，在上海中山公园附近开业，包含独家发售的特质周边产品及相关手办。

罗森也曾举办过动漫活动，如2013年海贼幻想Z，及罗森EVE主题店及EVE展。此外，还有罗森名侦探柯南店，虽然生命周期仅有一年4个月。

2017年5月，罗森推出首家足球主题概念店。

2017年7月，罗森与第三方新零售技术服务商合作推出“自助结账排队”购物方式，解决高峰时间段排队等候的问题，为消费者提供更方便快捷的购物体验。

动漫、二次元是当下年轻人的喜好。如何针对消费群体打造出符合他们的消费场景，这是罗森需要思考的问题，同时也是传统便利店应该思考的问题。

七、顾客投诉处理

顾客的抱怨通常可以归为两种：一种是针对商品本身；另一种是不满服务品质。不管是哪一种，最忌讳商家推脱掩饰，其中转嫁责任是最低劣的做法。店长要在第一时间处理顾客投诉，以免造成不好的影响——影响门店的形象。

1. 确定顾客抱怨的问题

顾客抱怨时，情绪一般比较激动，店长要认真倾听顾客的不满，不要做任何解释，要让顾客将抱怨完全发泄出来，等其心情平静后，再询问一些细节问题，找出问题所在。

店长对顾客反映的问题还不是很清楚时，要请顾客进一步说明，但言辞要委婉。

例如：“我还有一点不明白，能否麻烦您再解释一下？”

“为清楚了解您反映的问题，我有两点想请教一下，不知可否……”

店长要注意尽量不要让顾客产生被人质问的感觉，要仔细地倾听顾客说话，并表示自己也有同感，这样才能帮助顾客找到问题的关键所在。

尽量不要使用“但是”“请您稍等一下”，这类打断对方话语的言辞，会给顾客留下“受人责难”或“被人瞧不起”的印象。

管理妙招

店长在倾听顾客说话时，可以运用一些肢体语言，表达自己对顾客的关注与同情。如目光平视顾客，表情严肃地点头，让顾客充分意识到你在倾听他说话。

听了顾客的抱怨之后，店长要站在顾客的立场回答问题。即让顾客感觉到店长非常重视自己，他的问题对店铺来说很重要，店长将全力以赴地解决问题。

2. 把握顾客心理

化解顾客的抱怨需要了解造成顾客不满的真正原因，然后有针对性地采取解决的办法。当然，了解原因并不是一件简单的事。店长除了要掌握倾听的技巧外，还要从顾客的反应中把握顾客的心理。

顾客的反应是指当店长与顾客交谈时，顾客的表情变化或态度、说话方式的变化，具体如图1–18所示。

1 如果顾客的眼神凌厉、眉头紧锁、额头出汗、嘴唇颤抖、脸部肌肉僵硬，就说明顾客在陈述时情绪已变得很激动

2 如果顾客会不由自主地提高音量、加快说话速度，甚至反复重复他们的话，就说明顾客处在精神极度兴奋之中

3 如果顾客的身体不自觉地晃动，两手紧紧抓住衣角或其他物品，就表明顾客心中不安及精神紧张

图1–18　顾客的常见反应

3. 把握顾客的真正意图

店长只有切实了解顾客的真实意图，才能对症下药、解决问题。不过，顾客在反映问题时，常常不愿或不能明确地表达自己心中的真实想法。这种表现有时是因为顾客顾及面子，有时因其情绪过于激动。因此，店长在处理顾客投诉时，要善于抓住顾客的“弦外之音”“言外之意”，掌握顾客的真实意图，具体如图1-19所示。

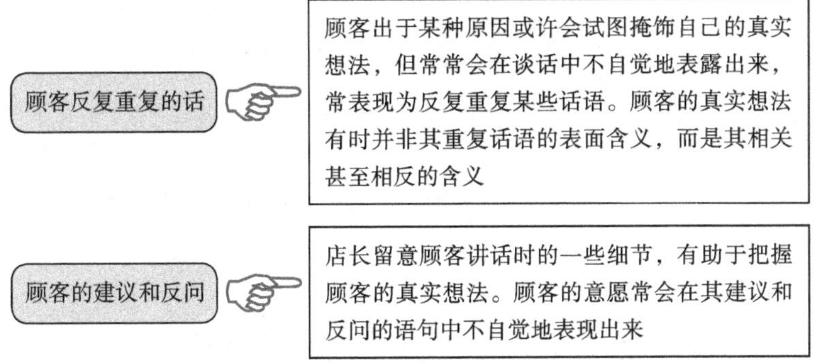

图1-19 店长掌握顾客真实意图的方法

4. 妥善使用道歉话语

店长在化解顾客的抱怨时，要冷静地聆听顾客的委屈，把握其不满的真正原因，然后诚恳地使用“非常抱歉”等道歉语平息顾客的不满情绪，引导顾客平静地把他们的不满表达出来。

店长在表达歉意时态度要真诚，而且这种真诚必须建立在凝神倾听的基础上。如果道歉的内容与顾客反映的问题根本就不是一回事，那么非但无助于平息顾客的愤怒情绪，反而会使顾客认为店长在敷衍自己而变得更加不满。

5. 记录顾客陈述的基本信息

店长在化解顾客抱怨时，要点是弄清事情的来龙去脉，仔细地记录

顾客陈述的基本情况，以便找出责任人或总结经验教训。其中，记录、归纳顾客陈述的基本信息是一项基本的工作。因为店长通常是借助这些信息思考、确定处理方法的。如果这些信息不够真实和详细，可能会给店长的判断带来困难，甚至产生误导。店长在记录关于顾客抱怨的信息时，不可忽略的要点如图1-20所示。

图1-20 顾客抱怨信息的记录要点

店长在记录完内容后，不要忘记留下顾客的联系方式。

6. 及时解决顾客抱怨的问题

如果店长不能及时化解顾客的抱怨，对店铺的形象会造成一定的影响。相反，如果店长能够及时、妥善地解决顾客反映的问题，不仅能挽回店铺在顾客中的声誉，还能发现和弥补经营中的一些漏洞，使店铺的经营管理更加规范。

如果顾客产生抱怨是因为误会，店长要给予适当的说明，消除顾客的误会。

如果顾客产生抱怨是因为商品质量有问题，要与顾客协商，及时办理退货、换货等手续。

如果顾客产生抱怨是因为服务质量存在问题，要及时对有关责任人进行处理，及时向顾客赔礼道歉并完善员工管理制度。当然，对于特殊顾客，店长应采取针对性的处理措施。

对当时不能处理的问题，店长应留下顾客的联系方式，及时通知顾客事情的处理结果。

店长可以准备一本记录簿，把每个顾客投诉处理过程记录下来。这样不但可以为以后处理类似投诉提供借鉴，还可以作为新员工入职培训的素材，可谓是益处多多。

八、突发事件处理

突发事件是指突然发生，已经造成或可能造成严重的社会危害，需要采取应急处置措施予以应对的事件，包括自然灾害、事故灾难、公共卫生事件和社会安全事件等。

1. 突然停电的处理

营业时突然停电，店长一定要先保持镇定，电箱内开关除了总电源、变压器、电容器、单向总开关及室内灯不关外，其余全部关掉。此外，店长还应注意以下事项。

（1） 店内必须配备应急照明灯。停电时，应急照明灯会自动启动。此外，店内应随时备有应急手电筒。如果是在晚上，必须将仓库锁上，加强柜台区的照明，以防歹徒偷或抢。

（2） 追查原因。首先判断是市电停电还是内部电路故障导致停电。如果是市电停电（可通过看相邻住户是否停电来判断），则应向电力公司查询停电原因及时间长短，以便做出对策。如果不是市电停电，则故障在内部电路，应首先看看所购电量是否已经用完，否则应查明故障并将其排除后再合闸。

（3） 若长时间停电，应暂时停止使用冷冻柜、冷藏柜，避免冷冻品、冷藏品因温度上升而腐坏。

（4） 停电时，收银机无法打出发票，此时可利用空白纸张填上消费金额，并盖发票章，请消费者下次来店时，以此凭证兑换发票。

（5） 若停电是在晚上，且时间很长，可考虑停止营业。如果在白天，停电时间很长，可试着通知供应商将冷冻、冷藏品运回寄放，或者连锁便利店之间可彼此支援，暂寄别店。

（6）来电时，室内灯已亮，三相开关箱内的开关每隔30秒开启一个（可视实际需要而决定先后顺序），单相开关则可依序开启。

2. 店铺火灾的处理

便利店的许多物品属于易燃品，同时商品较多，因此必须做好火灾预防管理工作。同时，便利店会有相邻店铺，若相邻店铺发生火灾也会危及本店。店长应在平时加强员工在这方面的教育培训，如应急处理措施等。

当发生火情时，便利店应立即采取应对措施，具体如图1-21所示。

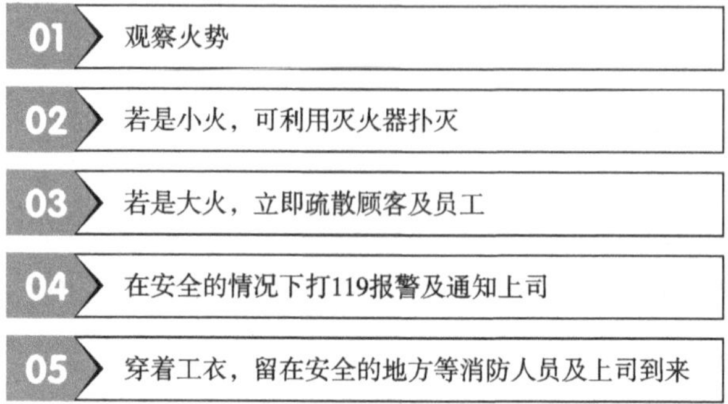

图1-21　店铺火灾的应对措施

3. 水浸的处理

因暴雨、水管爆裂引发的水浸，处理措施如下：

设法使顾客离开超市，同时关闭所有电闸以防引起漏电；

组织全体员工将下层摆放的物品往高处放并排除积水；

由供水设备故障引起，应尽快通知有关维修部门维修，尽量减少损失。

4. 骚乱的应对与防范

如发现卖场内有人捣乱，应立即通知安全员到现场制止。

阻止员工和顾客围观，维持现场秩序。

拨打110报警，将捣乱人员带离现场，必要时送交公安机关处理。

对捣乱人员造成的损失进行清点，由警察签字后做汇报。如有重大损害要通知保险公司前来鉴定，作为索赔依据。

若发现任何顾客在店内打架，应立即拨打内部电话，通知安全员到现场制止。

不对顾客的是非进行评论，保持沉着、冷静，要求其他顾客立即离开。

5. 发现可疑物或可疑爆炸物

发现可疑物后，立即汇报管理层。

经店长许可后，立即拨打110报警。

不可触及可疑物，画出警戒线，不许人员接近。

疏散店内人员和顾客并停止营业。

静待警方处理直至危险解除，再恢复营业。

6. 遇到抢劫的处理

抢劫者凭借暴力和威胁，于短时间内抢劫现金和贵重物品，故可能以顾客或超市员工的生命作威胁。处理方法如下：

发生抢劫时以保护顾客和员工生命安全为主；

不要慌张，应保持冷静，不要反抗，在安全的情况下可以尝试按警钟；

尽量记住打劫者的特征；

劫匪离开后尽快打110及通知上司；

保护现场（以便派出所及时备案）；

不得向外宣传（以免失去口碑）。

7. 抄价格处理

店员在卖场看到有人抄价格时，首先应立即通知企业管理人员。

企业管理人员应上前礼貌询问是否需要帮助。

如属不知情的顾客，店员应耐心解释相关政策并提供帮助；如属竞争对手，店员应礼貌阻止并继续观察；若对方态度强硬继续抄写，可通知防损员给予协助。

管理妙招

无论哪种情况，都要遵守三米微笑原则及采用礼貌语言，避免投诉，尤其不能与之有身体接触或没收其东西。

第二章

每周工作安排

对任何一家便利店来说，利润是其赖以生存的根本。店长每周都要想方设法地提高门店的收入。例如：搞好促销管理，以增加门店的客流量；加强防损管理，以减少门店的损耗；加强安全卫生管理，以提升门店的形象。

一、门店促销管理

促销是便利店拉动销量直接、有效的途径，促销活动的成败对门店的经营有至关重要的作用。因此，店长应加强门店的促销管理。

1. 明确促销的动机

商家主要借促销活动提高来客数或客单价，同时建立一定的形象及知名度，在此可按连锁和独立的便利店分别说明，具体见表2-1。

表2-1　便利店的促销动机

序号	类别	说明	备注
1	连锁便利店	连锁体系的促销活动，影响力非同小可，店数多、经济规模可观、声势浩大，可在吸引及增加消费者来店的同时，打响知名度	（1）最佳促销时机主要为春节、情人节、儿童节、妇女节、母亲节、父亲节、中秋节、圣诞节等一般节庆日 （2）配合产品特性进行旺季促销
2	独立便利店	为了增加来客数、提高客单价、消化库存以及化解竞争压力	巧妙地利用促销活动稳住客源

在目前的便利业中，便利店与供货商之间的联系越来越密切。供货商经常为了本身产品的促销联合便利店。一般情况下供货商会针对产品处于生命周期（上市期、成长期、成熟期、衰退期）的不同阶段，选择不同的促销方式，与便利店共同举办促销。

例如：在新产品上市时，供货商给了便利店进货折扣，或以降价、搭配赠品方式进行促销，或以POP广告等方式刺激消费者的购买意愿。

在一般情况下，供货商偏好找连锁便利店合作，因为其规模大，可产生整体效应。

2. 明确促销的目的

任何一次促销活动，都应有其目的，有时目的较单一，有时可能有多重目的。明确目的，才能收到较好的效果。一般来说，促销的目的如图2-1所示。

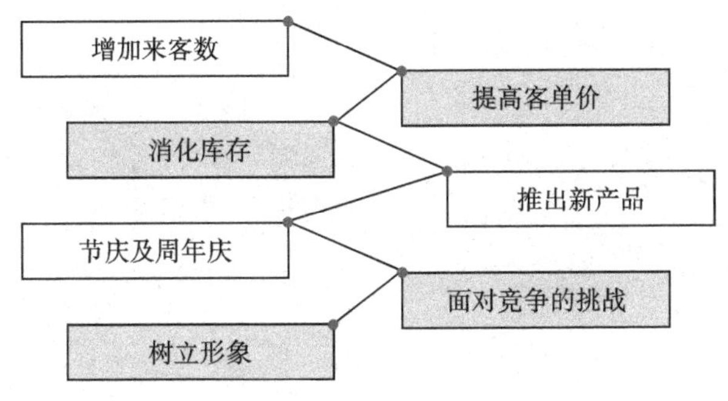

图2-1 促销的目的

（1）增加来客数

促销的目的在于吸引顾客，应让消费者在知道促销的消息后，能够主动上门。而且顾客一上门，总有一定比例的消费者会掏出口袋里的钱，满足购买欲望，因此，商家在提升营业额的同时，名气也打响了。

来客数是关系到商店营运成败的主要因素。便利店商家讲求高回转率，如果顾客太少，致使商品的回转速度过慢，这将是商业营运上的隐患。

（2）提高客单价

如果来客数受各种客观条件的限制，在短时间内无法因促销而增加，那促销的方向应为提高客单价。虽然每天来的顾客人数增加有限，如通过促销提高了每人平均购物的金额，则也能提升业绩。

（3）消化库存

因故未能销售完的商品也可通过促销，如降价的方式，尽快出清存货。这类必须消化库存的商品，可能是未被接受的新产品、需换季寻求回笼资金的商品或快过期的产品等。

（4）推出新产品

新产品在推出时，常常有许多制造商参与促销，以期让其商品快速占领市场，此时便利店不妨考虑共同配合促销，把促销成本降到最低。图2-2所示就是一个便利店配合促销的实例。

图2-2　罗森便利店新品促销实例

（5）节庆及周年庆

配合节庆，便利店应推出适时的商品促销，可使短期内的业绩得到提升。而周年庆时，便利店应强调回馈，一般进行全面打折、特价或是送赠品。节庆及周年庆的促销，也兼具增加来客数量的目的。

（6）面对竞争的挑战

促销有时是迫不得已的，一个新的竞争对手的出现会抢走许多顾客，促销也就势在必行，但对于一些小商品市场又另当别论。

（7）树立形象

狭义的促销仅限于吸引顾客、提高业绩，而广义的促销，还包含公关及提高商店知名度、树立形象的目的。

例如：开业时大赠送就属于公关手段；而举办或参与各种公益活动，则有助于形象的建立。便利店拥有了良好形象，自然能稳住客源，维持一定的业绩水准。所以便利店平时做好公关，随时找机会树立形象，也应得到一定重视。图2-3所示是另一个便利店促销实例。

图2-3　全家便利店促销实例

3. 拟订促销计划

便利店根据欲达成的促销目标，衡量经费、媒体、节令、竞争店状况等因素，并综合各部门意见，拟订促销计划。

（1）掌握顾客购买特性

虽然顾客的购买行为在购买时间及频次选择上是有计划的，但在购买形态上多数消费者属冲动购买型。如何在特定时间安排各种促销活动以提高消费者的客单价，在进行促销计划设计时应有所考虑。

（2）掌握促销计划要素

由于顾客的购买行为受天气、节令、促销活动信息及竞争店活动影响，故一个好的促销计划应考虑季节、月份、天气、温度、节令、商品、促销主题、促销方式、宣传媒体、预算及预期效益等因素，具体见表2-2。

表2–2　促销计划要素

序号	要素	说明
1	季节	（1）将一年分为两季，暖季5～10月，而寒季自11～次年4月 （2）若促销活动是在暖季举行，就须以饮料、果汁、乳冰品等清凉性商品作为诉求重点 （3）若促销活动是在寒季举行，就要相应地选择火锅、熟食等商品作为诉求要点
2	月份	（1）淡季时，针对淡季营业的特色，不一味特卖商品而提出一些有新意的促销点子，必有利于淡季时便利店提升业绩 （2）便利店在旺季时如何使顾客买得更多，以弥补淡季的不足，也是促销计划应考虑的因素
3	温度	（1）气温高时，饮料、冰品类商品的销售量会提高 （2）气温低时，速食、热食、冰冻食品类商品的销售明显上升
4	节令	一年中的节令可划分为下列三类，以便有针对性地促销，争取绩效： （1）法定假日类，如元旦、春节、国庆节、中秋、端午等 （2）非法定节假日，如母亲节、情人节、父亲节等 （3）民俗时令类，如夏至、冬至、元宵节等
5	促销主题	主题对于整个促销活动，往往有画龙点睛的效果，所以商家要针对整个促销内容，拟订具有吸引力的促销主题
6	商品	针对季节变化、供应商配合度、商品销售排行榜、竞争店竞争状况等因素加以衡量，选择最适合的促销商品
7	促销方式	促销活动本身是促销的主体，也是吸引顾客上门的主要因素，便利店应精心设计。然而促销活动层出不穷，如何安排，并避免价格竞争，是拟订促销计划时应妥善考虑的重点
8	宣传媒体	较大规模的便利店可以考虑采用报纸、电视、广播等大众媒体进行宣传。若为独立店或店数较少的连锁体系，则因受预算、商圈、店数等因素限制，其促销告知通常用宣传单、红布条、海报、POP等形式
9	预算	预算为多少？来源如何？是自费或厂商赞助？在规划促销方案时应先予确认
10	预期效益	促销的目的是提高来客数或提高客单价以增加营业额，所以实施效果应预先估计，作为日后评估的基准

4. 做好促销评估

促销评估主要包括促销主题配合度、创意与目标销售额之间的差距、促销商品选择正确与否3个方面，具体内容见表2-3。

表2-3 促销效果评估

序号	评估内容	具体说明
1	评估促销主题配合度	促销主题是否针对整个促销活动的内容；促销内容、方式、口号是否富有新意、吸引人，是否简单明确；促销主题是否抓住了顾客的需求和市场的卖点
2	评估创意与目标销售额之差距	促销创意是否偏离预期目标的销售额；创意虽然很好，但是是否符合促销活动的主题和整个内容，是否过于沉闷、正统、陈旧，缺乏创造力、想象力和吸引力
3	评估促销商品选择是否正确	促销商品能否反映门店的经营特色；是否选择了消费者真正需要的商品；能否给消费者增添实际利益；能否帮助门店或供应商处理积压商品；促销商品的销售额与毛利额是否与预期目标一致
4	评估促销成本	促销成本是否得到有效控制，是否符合预算目标

相关链接

便利店常见促销误区

误区一：赠品往往不能抓住顾客的心

促销之所以用赠品，一是为了吸引顾客重复购买，二是迎合顾客追求价低的心理刺激其购买冲动。但便利店在选择赠品时，往往会犯如下两个错误。

第一个是强调赠品价格而非价值。对顾客来说，赠品并不是越贵越好，而是让人越喜爱越好。促销就要选择最能打动顾客的赠品，而不是一味地强调赠品价格。经营者可以根据顾客的不同分别赠送一些商品，如对家庭主妇，赠送一些调味品等；对年轻人赠送一些饮料，可以更能打动他们的心。

第二个是促销缺乏连续性，赠品只是意外收获，并没有成为诱导顾客重复购买的原动力。好的赠品促销应该能够吸引顾客重复购买，很多产品在促销时会选择一个赠品系列，凑齐了赠品系列可能有更大的惊喜，因此

往往能吸引顾客重复购买。便利店也可以在这方面花心思，用编号等手段连续促销。当然促销的频率不宜太高，太高的频率往往会让产品的价格或者档次降下来。

误区二：缺乏创新，总是用一些陈旧手法

很多便利店复制超市的促销手法，在便利店的显著位置往往写着“买几赠几”“促销价”“优惠价”，这些手法在已用得比较多的情况下，很难再激发顾客的购买热情了。其实对便利店来说，价格并不是主要因素，便利应该是主要因素，因此在价格上促销并不能很好地吸引顾客，相反可以转变一下思路，通过其他方法促销，如给产品编号，然后定期抽取并公布幸运号码等，这些手段往往能够更吸引顾客。如果需要降价或者买几送几，那么最好的办法就是将价格先抬高，再做这样的促销。其目的在于保证商品的利润，同时保证便利店有足够的吸引力。总体而言，常用促销活动的便利店对顾客的吸引力是比较强的，即使顾客不是冲着那些促销去的。

误区三：没有选择好的促销时间

促销必须选择好的时机，对便利店促销来说，最好的时机莫过于节假日和店庆。在这样的日子搞促销活动往往能够得到顾客的关注，而且会让其觉得理所当然。如果平时就频频进行促销，顾客往往不知道为什么。做促销一定要名正言顺，这样才能得到最广泛的认同。在平时，便利店可以打出一些特价商品，这些特价商品同样能够起到为整个店面加大促销的作用。这些特价商品往往以其超低价格刺激了顾客的购买欲望，并且容易将这种超低价转移到对其他商品的印象上去。其他商品未必有超低价，这样自然能够促进其他商品的销售。

误区四：忽视对忠诚顾客的培育

对便利店来说，忠诚顾客是十分重要的，便利店往往服务于比较稳定的顾客群，因此这些顾客也往往是稳定的，在便利店的销售中，最能体现“二八原则”。80%的商品是由20%的顾客消费的。因此便利店在促销时要注意对忠诚顾客的培养。便利店可以设计出自己的优惠卡，对那些在店中经常购买产品的顾客给予一定的优惠，同时还可以通过赠送优惠卡，了解顾客的一些相关信息，如顾客的姓名。等到下次顾客光顾时，能够直接叫出顾客的姓来，这无疑是给顾客一个很大的惊喜。优惠卡的使用还可以捆绑销售，如顾客购买了一种商品，因为有了优惠卡，再购买另一种商品

可以享受一个比较低的折扣，这样无疑又能促进产品的销售。而且便利店的经营者可以将一些滞销商品或一些新产品进行捆绑销售，滞销商品的捆绑销售是为了回笼资金，而新产品的捆绑销售是为了吸引顾客再次购买。

误区五：一味地打折降价

对便利店来说，价格不是最根本的因素，因此一味地打折降价未必能够刺激消费者购买。同时在价格上做太多的手脚容易引起3个方面的麻烦。

第一个方面的麻烦是竞争对手可能会挑起价格战，如果便利店一味地打折降价，而竞争对手又误以为打折降价让其很大一部分顾客流失了，自然会挑起价格战，试图挽回顾客。价格战的最终结果是两败俱伤，市场利润减少。

第二个方面的麻烦是破坏了便利店的形象，如果一个便利店长久给人打折降价的形象，如果顾客已经适应了，那么便利店哪天不打折了，顾客反而没有办法适应，因为在顾客心中已经形成了这是家打折便利店的印象，因此顾客自然觉得折扣是理所当然的事情。

第三个方面的麻烦是打折降价将使便利店的利润减少，便利店很难经受住市场的冲击。

总之，对便利店来说，价格不是主要因素，可以在价格上做调整，但是不要过于迷信价格手段。而且便利店的消费人群十分固定，所以他们对便利店的价格并不是太敏感。如果他们对价格敏感就会直接到超市或者批发商店，没有必要在便利店的高价格中选择一个低价格。此外，低价格容易让顾客对产品的品质产生怀疑，在很多顾客心目中有个根深蒂固的观念：高质高价。这个观念往往容易转变为高价高质，很多顾客将高价格作为产品质量的评判标准。因此，便利店要想实现促销，不妨在抬高价格上花点心思，这样既能保证利润，又能促进销售，一举两得。事实上，这种现象是普遍存在的。很多产品在低价格体系下没有办法销售出去，但是在高价格体系下销售得很好。

误区六：一锤子买卖，没有和顾客建立更深层次的联系

促销不是一锤子买卖，而是提供优质的产品和长期的服务。当便利店进行大规模促销时，要学会和顾客建立更加深入的联系，要通过促销活动了解顾客的需求，通过促销活动学会一举三得。

一是便利店增加利润。

二是顾客得实惠，同样的支出能够获得更多的商品或服务。

三是便利店和顾客之间得到联系，便利店和顾客通过促销，互相了解得更加深入，有利于便利店服务顾客。

二、经营损耗管理

便利店商品管理疏忽的损耗，主要是因为商品的保管和陈列方法不当、商品标价错误、商品鲜度管理等原因造成的损耗。

1. 商品陈列

在店面陈列过程中，商品陈列的方法不当会引起商品损耗。如商品摆放的位置不佳引起倒塌，或容易被过往顾客的碰撞而引起损坏等。对此，商品陈列时应注意图2-4所示的事项。

1 易盗商品100%的防盗标签投放后再做陈列

2 不适合投放防盗标签的重点易盗商品（如口香糖、巧克力）限量陈列

3 注意高档瓶装商品（如高档酒、橄榄油）陈列安全，防止顾客拥挤导致摔碎

4 散装食品（如开心果、牛肉干）打包后粘贴软标再陈列，并尽量陈列在主通道顾客较多的地方或者监控摄像头下面

5 促销商品陈列的位置要有利于维护顾客秩序，不要陈列在主通道上

6 散装的促销商品打包陈列并做好称重等前期准备工作

图2-4　商品陈列注意事项

2. 商品标价

商品标价的错误会导致商品高价低卖或销售不出去的现象，这些都会造成商品的损耗。标价错误，一般是由于商品标价混乱造成的，主要包括图2–5所示的几种情形。

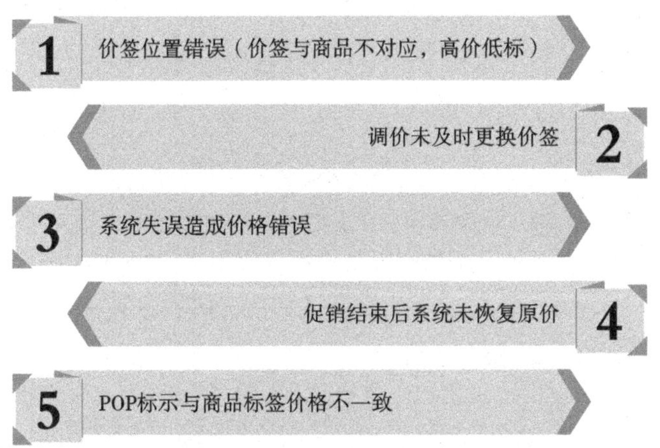

图2–5　商品标价错误的常见情形

对商品标价的错误，店长可以采取图2–6所示的应对措施。

1. 商品必须一物一签，价签字迹应清楚
2. 在顾客结账时，收银员要一边念出价格，一边注意显示屏幕的数字是否一致，若不一致，及时登记该项商品条码、品名和价格。将价格差异表呈交负责人员进行核对，查明原因后进行更正
3. 商品价签有误时，收银员应将原标签撕毁，再贴上正确标签
4. 时时检查POP的价格与标价是否一致，不一致时，要立即更正
5. 特卖后商品更改回原价，及时清除促销海报和POP
6. 如果购物人员为本店工作人员时，应当场通报店长、追究责任

图2–6　商品标价错误的应对措施

3. 商品鲜度管理

消费者对商品的新鲜度要求越来越高，日期越久的商品越难以卖出，因此要认真做好商品日期管理和坏品管理。商品鲜度不高的发生原因主要是店内库存期太长或进货时本身就是旧商品。店长应定期对商品保质期进行检查，发现有效期限剩余1/3时，可同采购协商采取相应措施：采取特价销售或赠品搭配销售等措施。

店长应特别关注生鲜商品和鲜度要求较高的商品，过期商品要及时下架；临期商品要及时退换或促销；进货时，注意商品需有2/3的保质期；严格遵守先进先出原则。

4. 验收作业

商品在便利店的物流过程一般可分为进货→验收→保管→陈列→销售（→退回）5个环节。如果店员在验收作业中，出现商品品名、数量、总量、价格、有效期限、质量、包装规格等项目与随货同行单或调拨单不符，随货同行单同系统金额不符，货物未验收或未入库等现象，都可能造成商品损耗。

商品验收作业的好坏，直接影响到便利店损耗管理的成效。店长在验收作业中应该注意以下几点。

（1）在核对送货单据和商品时，店长应认真检查商品条码、名称和数量是否相符；对于外表有破损或污垢的商品，要打开检查；对于破损的商品，要在送货员在场时，确认破损的数目。

（2）验收商品不符或数量过多时，退还给送货员。当商品数量不够时，要在送货单据上记录，及时通知大库更改；商品有破损时，按照破损数量，全部退货。

（3）直送商品，对商品有效期限已逾1/3以上的，给予拒收。验收人员必须仔细检查上面登载的条码、品名、数量有无差错，商品有无破损，随货同行单一式两联双方签字各自保管，门店做采购收货单价格本着“录低不录高”的原则。

5. 收银作业

收银作业损耗主要指收银不当造成的损耗，这是商品损耗的一个重要方面。

（1）收银损耗的原因

导致收银损耗的原因有两个，具体如图2-7所示。

图2-7　导致收银损耗的两个原因

（2）收银损耗的防范措施

收银损耗的防范措施，如图2-8所示。

1 制作规范的收银员作业规范及绩效考评制度

2 规范收银员结账收银的基本程序

3 收银员每天换不同收银台，避免滋生不良行为

4 收银监察随时利用监控系统，监督各个时段收银金额状况，若有异常，立即检查

5 加强收银员吃饭、交接班时间的监察

6 避免收银员利用退货键、立即更正键消除已登录的商品

图2-8　收银损耗的防范措施

6. 盘点作业

便利店盘点的目的之一就是掌握门店经营的损益情况，盘点错误引起损耗的原因一般有两种情况。

（1）盘点商品记录不实。盘点时，店员图方便，将同价格但不同内容的商品品项填写在同一货号内，造成某一类商品库存虚增、另一类商品库存虚减的情况，从而导致账目不正确，影响利润的计算。

（2）盘点出现漏盘、错盘、重复盘点。

库存品定期检查，一般便利店的门店较小，仓库存储面积有限，除畅销品以外，其他商品不要有太多库存或最好无库存。

7. 员工日常作业

员工日常作业上的疏忽也是造成损耗的原因之一，如现金管理不当；商品有效期限未予检查；对店内库存不了解，重复要货等。店长对现金管理应有详细的支付明细，营业款及时放到保险柜里，定期检查商品的有效期等。

三、员工内盗防范

员工内盗一直是便利店防范的重点，也是最敏感、最棘手的问题。员工内盗的机会多于顾客偷盗。员工偷窃与其说是偷窃行为，不如说是典型的计划周密的行窃。一个员工的偷窃行为，可能会引发其他员工效仿。

1. 员工偷窃的原因

一般来说，员工偷窃的原因有图2-9所示的几种。

01	店面管理不到位，有令不行，有禁不止，使员工处于一种无约束的状态
02	生活支出超出收入，家庭较困难
03	结交不可靠的朋友
04	发现被抓的风险很小，或者没有监督工作
05	店面缺乏明确的处置内盗的规定
06	对于有内盗行为的员工没有按规定处理或者通报结果
07	其他员工偷盗成功引起的仿效
08	其他引起员工内盗的原因

图2-9　员工偷窃的原因

2. 员工内盗的几种表现

通常情况下，员工内盗的表现，如图2-10所示。

1	给亲朋好友结账时不扫或少扫，或者取消扫描过的商品
2	利用工作之便把贵重商品调到价格低的商品包装内
3	收银员、防损员、服务员利用顾客未取走的收银条，自己或者交给其他人进卖场重复拿出以上商品
4	收货人员和供应商串通收不合格商品或少收商品，以及在重量上做手脚
5	生鲜区和散货商品区域的工作人员利用职务之便，少打商品价格、重量给亲朋好友
6	滥用公司商品作原材料或直接用于办公，而不做账面记录
7	偷拿商品、赠品、设备原料供自己使用

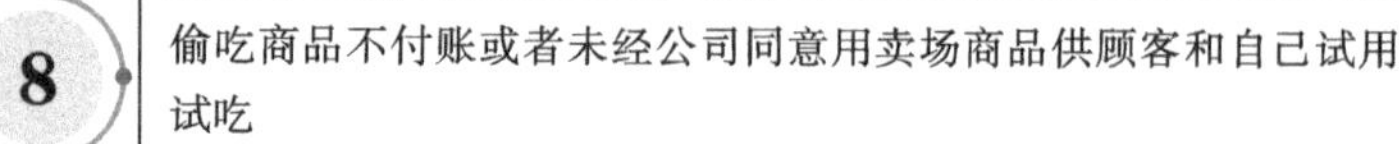

9 发现员工、顾客偷盗行为而不及时报告

10 勾结亲朋好友将其他部门的商品放在自己的工作场地和仓库附近，以便偷吃或隐藏

图2-10　员工内盗的表现

3. 防止员工内盗的措施

针对上述分析，便利店要想防止员工内盗，可采取如下措施。

（1）定期对长短款前几名的收银员进行调查，并在平时的工作中进行检查。

（2）经常性地对店面的购物情况进行检查，对收银员的操作进行暗中测试。

（3）对配送中心和厂家直送商品的接收数量进行核对。

（4）加强对夜间值班人员及送货人员的检查。

（5）经常召开店员会议，共同讨论店面的管理制度和流程，使员工有机会发表他们对门店防盗防损经营方面的观点和建议，以便门店不断修改并完善各种制度和流程。

（6）建立举报信箱和电话，受理顾客、员工关于偷窃方面的信息。

（7）对顾客退换货，商品退换货工作流程进行监督、检查。

（8）对员工购物制度严格规定，建立员工购物通道，并加强对员工购物行为的检查。

（9）加强对员工进出的管理以及现场的管理。

（10）对已出现的有内盗行为的员工，要从严从快处理，并及时通报。

（11）加强对员工入职前的背景调查和入职后的培训工作。

（12）建立严密的防损制度，并加强锁和钥匙的管理。

（13）对内盗行为查处一起，处理通报一起，绝不姑息。

（14）加大“防损光荣、内盗可耻”的培训宣传力度，帮助员工牢固树立正确的荣辱观和是非观。

四、顾客偷窃防范

1. 顾客偷窃的几种常用方法

顾客通常会采用图2-11所示的几种方法进行偷窃。

图2-11　顾客偷窃的常用方法

2. 易发生偷窃的场所

卖场的死角、看不见的场所、现场无工作人员的地方、上下电梯的地方、照明较暗的场所、通道狭小的场所、管理较乱及商品陈列较乱的场所、试衣间等是易发生偷窃的场所。

3. 易发生偷窃的时间和季节

易发生偷窃的时间和季节，如图2-12所示。

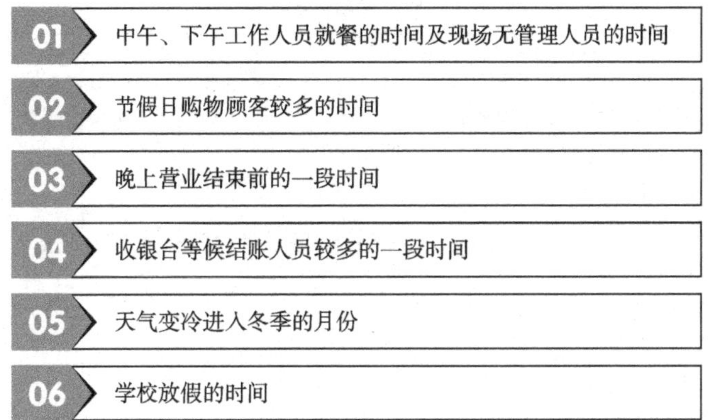

图2-12　易发生偷窃的时间和季节

4. 易被偷窃的物品

易被偷窃的物品包括图2-13所示的几类。

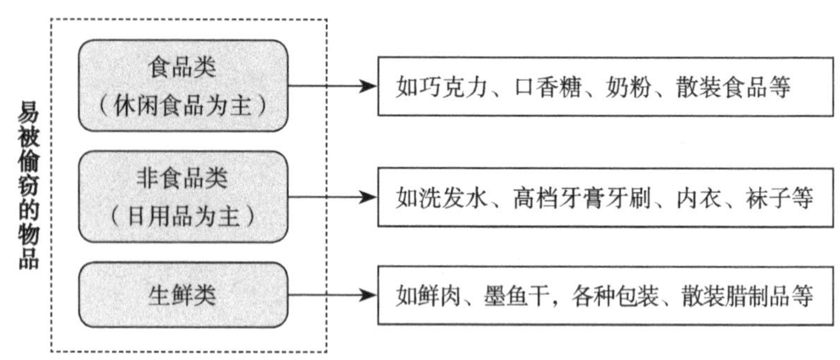

图2-13　易被偷窃的物品

5. 防范措施

实践证明，加强内部员工管理以及出色的顾客服务是防止内、外盗的最好措施之一。

（1）商品陈列

通过商品陈列防范顾客偷窃的措施，如图2-14所示。

1. 卖场前部的陈列不应挡住收银员投向卖场及顾客流动区域的视线
2. 口香糖、巧克力及其他体积小价值高且吸引人的商品，必须放在收银员看得到或者偷窃者不便于隐藏的地方
3. 由于季节的变化而易失窃的商品，应该将这些商品的摆放位置进行调整，这些商品通常应陈列在商店货架的端头附近，也可考虑将其放在收银台和入口位置

图2-14　通过商品陈列防范顾客偷窃的措施

（2）巡视检查

通过巡视检查防范顾客偷窃的措施，如图2-15所示。

加强对卖场各部门包括联营柜组、仓库的巡视检查与管理，不允许非工作人员进入。特别是要加强营业高峰期对收银台的巡视，此时有个别顾客会利用在收银台等候结账时将商品偷吃隐藏，或者将商品不放在收银台蒙混过关

不定时对垃圾箱、卫生间以及盲点区域进行检查，建立卖场盲区巡视检查表，看有无丢弃的空包装、价格标签等

图2-15　通过巡视检查防范顾客偷窃的措施

（3）对有条件的商品进行防盗处理

对有条件的商品进行防盗处理，合理投放防盗标签。

例如：针织品、包装盒食品，为防止因顾客拆开包装损坏商品，可用胶带进行加固，并提示“请勿拆开包装”。

（4）加强各通道的管理

加强各通道的管理，特别是员工通道和收货口，要求当班防损员敢于坚持原则，对进出的人员和商品包括废弃物实施严格的检查。凡禁止顾客进出的地方应有明显的标志。

相关链接

卖场员工如何防范顾客偷窃行为

防损部门应将每个店员作为商场防盗的一员，并通过训练教育使员工掌握防止偷窃应采取的措施，每个员工知道自己应该检查什么，应该做什么，具体要求如下。

最重要的是要对顾客友好，在顾客经过时说声“你好”，微笑或者以目示意、点头，尽可能以此建立与顾客的联系。

在工作中要不断扫视货架排面，如果顾客在一个地方长时间徘徊或短时间多次出现，应上前询问他是否需要帮助。

注意那些手推车中放着敞口手提包的顾客，如果店员还没有发现顾客偷窃，至少店长让部门的其他人提高警惕，这类顾客可能趁无人注意时将

商品丢进手提包。

留心用购物袋选购商品的顾客，不论购物袋是本店或者外单位的，提醒顾客应该使用购物篮。

注意那些天气暖和却穿着厚夹克及穿着奇装异服的顾客。

注意顾客携带的物品。尤其是当这些物品显得“反常”时，例如：晴朗天气的雨伞。

卖场发生混乱，如“吵架、打架斗殴”时，店长要格外留心。这种情形可能是为了引开店员的注意力，以协助同谋在附近作案。

如果你发现某人将一件物品藏在手提包、口袋、包袋或衣服里面，不要让这个人从你的视线中溜走。尽力记住其隐藏物品的种类，让另一个员工把你看到的情况告诉主管或防损员，继续观察。

站在货架的端头，可扫视排面的位置，在卖场内来回巡视。

注意那些手拿报纸、杂志的顾客以及折叠商品、压缩商品体积的人或者故意把商品弄旧，写上自己名字的顾客。

顾客在卖场损坏商品应督促其到收银台交款，如顾客不配合应立即通知本部门主管或防损部门。

如发现顾客在营业现场偷吃偷喝本公司的商品（一般是饮料），或者有明显的以上现象，应上前主动询问：“请问您手上拿的商品是否买单。”得到证实之后应当督促其到收银台交款。

如发现那些顾客有明显的暴力倾向，或明显的嗜酒吸毒者又或者以前曾有偷窃行为的嫌疑人进店时要特别注意。必要的话，可派一名防损员紧随其后。

如发现团体顾客进店又分散的现象，或者短时间内及一天之中多次进出卖场的人，应通知防损科派人在卖场内监视。

五、供应商偷窃防范

1. 供应商偷盗的行为

出现以下情形，可视为供应商偷盗行为。

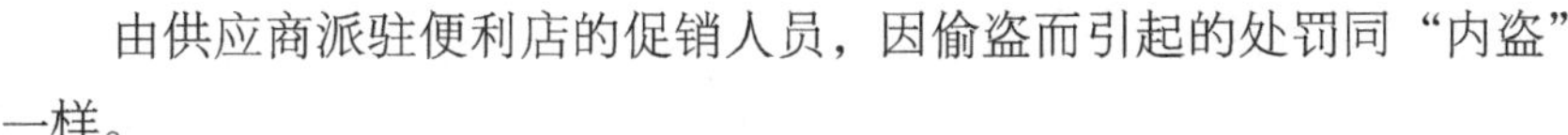

由供应商派驻便利店的促销人员，因偷盗而引起的处罚同“内盗”一样。

将已经收货完毕的商品，重新按未收货点数。

利用收货员的疏忽，趁机偷窃商场的商品。

在收货员称重时进行作弊。

私自丢弃应属于退货的生鲜食品等。

2. 供应商偷盗的手段

一般来说，供应商偷盗通常会采取图2-16所示的两种手段。

图2-16 供应商偷盗的手段

3. 供应商偷盗的防范

为了防止供应商偷盗，可采取如图2-17所示的防范措施。

1. 值班员对供应商的进出进行严格管控，对进出携带物品进行检查核实，不允许供应商的人员进入仓库
2. 由收货人员进行全过程的收货操作
3. 将已经收货和未收货的商品必须按区域严格分开
4. 由店面验收人员同值班员共同配合，做好每日生鲜食品的退换货工作

图2-17 供应商偷盗的防范措施

4. 供应商偷盗的处理程序

供应商偷盗的处理程序如图2-18所示。

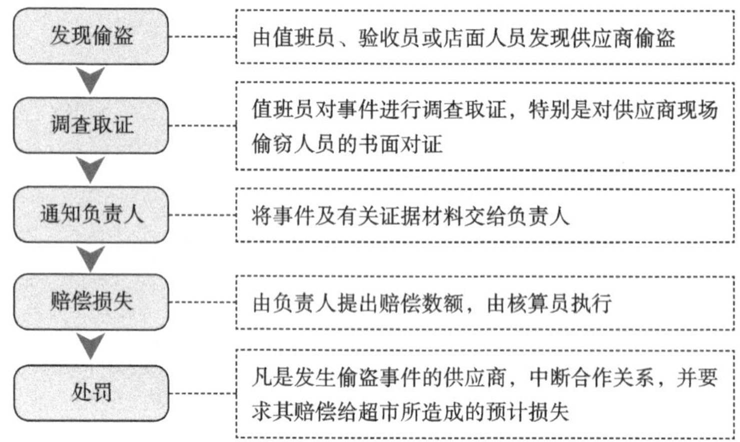

图2-18　供应商偷盗的处理程序

5. 供应商偷盗的处罚

供应商偷盗行为一经发现，可按以下方式进行处罚。

对已经造成的损失进行赔偿。

对其行为进行500元以上的罚款处理。

对因此中断合作关系而造成超市未来的预期损失进行赔偿。

中断合作关系。

六、店内环境管理

便利店不仅给消费者提供舒适的购物环境，还要提供保证质量、安全、新鲜、卫生的商品，以满足顾客的期望与需要。因此，店长应加强便利店的环境卫生管理。

1. 外部环境卫生要求

卖场外部环境的卫生要求如图2-19所示。

1 拉布灯箱保持清洁、明亮，无裂缝、无破损，霓虹灯无坏损灯管

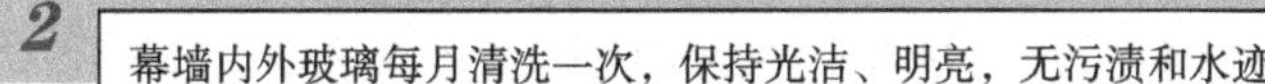

2 幕墙内外玻璃每月清洗一次，保持光洁、明亮，无污渍和水迹

3 旗杆、旗台应每天清洁，保持光洁无尘

4 场外挂旗、横幅、灯笼、促销车、遮阳伞等促销展示物品应保持整洁，完好无损

图2-19　卖场外部环境卫生要求

2. 员工通道的卫生要求

员工通道的卫生要求如图2-20所示。

1 管理人员应对需要张贴的通知、公告等文件资料内容进行检查、登记，不符合要求的不予张贴

2 员工应协助维护公告栏的整洁，不得拿取、损坏张贴的文件资料

3 员工通道内的卡钟、卡座应挂放在指定位置，并保持卡座上的区域标识完好无损

4 考勤卡应按区域划分放于指定位置，并注意保持整洁

图2-20　员工通道的卫生要求

3. 就餐区的卫生要求

就餐区的卫生要求如图2-21所示。

01 用餐后应将垃圾扔入垃圾桶

02 茶渣等应倒在指定位置，不能倒入水池

03 当班时间不得在就餐区休息、吃食物

图2-21　就餐区的卫生要求

4. 室内空气质量管理

便利店应严格执行《中华人民共和国传染病防治法》《公共场所卫生管理条例》《公共场所集中空调通风系统卫生管理办法》和《商场（店）、书店卫生标准》（GB9670—1996）的有关规定，加强集中空调通风系统清洁及维护，保持营业场所内空气清新，具体要求如下所述。

根据门店的规模，安装相应的、符合规定要求的集中空调通风系统设备设施。指定专人定期负责通风换气设备设施的维护和清理，保证通风换气设备设施卫生、清洁，确保其正常运行。每两年对集中空调通风系统进行一次预防空气传播性疾病的卫生学评价，合格后方可投入运行。

加强对营业场所内空气质量的监控，根据顾客流量的变化，及时调整补充新风量。超市内高温和有异味产生的区域要加大通风量，必要时进行全场换气。

最好能在营业场所设置“公共场所空气品质监测系统”，以电子显示屏的方式向顾客公示有关指标数据。

5. 噪声管理

便利店应严格执行《中华人民共和国环境噪声污染防治法》和《商场（店）、书店卫生标准》（GB9670—1996）的有关规定，营业场所内噪声控制在60dB以下，出售音响设备柜台的噪音控制在85dB以下。具体要求如图2-22所示。

图2-22　噪声管理要求

6. 装饰装修管理

便利店应严格执行《中华人民共和国环境保护法》。营业区域内进行局部装饰装修改造时，应对施工现场进行封闭围挡，避免因装饰装修造成空气污染。

7. 洗手间环境卫生管理

洗手间环境卫生管理的要求如图2-23所示。

01 所有清洁工序必须自上而下进行

02 放水冲入一定量的清洁剂

03 清除垃圾杂物，用清水洗净垃圾并用抹布擦干

04 用除渍剂清洁地胶垫和下水道口，清除缸圈上的污垢和渍垢

05 用清洁桶装上低浓度的碱性清洁剂彻底清洁地胶垫，不可在浴缸里或脸盆里清洗。桶里用过的水可在清洁下一个卫生间前倒入其厕内

06 在镜面上喷上玻璃清洁剂，并用抹布清洁

07 用清水洗净水箱，并用专备的抹布擦干。烟缸上如有污渍，可用海绵块蘸少许除渍剂清洁

08 用中性清洁剂清洁座厕水箱、座沿盖子及外侧底座等

09 用座厕刷刷洗座厕内部并用清水冲净，确保座厕四周及上下清洁、无污物

10 清洁洗脸台下面的水管

图2-23 洗手间环境卫生管理的要求

8. 工作场所环境卫生管理

工作场所环境卫生管理要求如图2-24所示。

01 各工作场所内，均须保持整洁，不得堆积已发臭或有碍卫生的垃圾、污垢或碎屑

02 各工作场所内的走道及阶梯，至少须每日清扫一次，并采用适当方法减少灰尘

03 各工作场所内，应严禁随地吐痰

04 饮水必须干净

05	其他卫生设施必须保持清洁
06	排水沟应经常清除污秽，保持清洁、畅通
07	凡可能寄生传染菌的原料，应于使用前进行适当的消毒

图2-24　办公场所环境卫生管理要求

9. 卖场内有害动物防治

卖场内有害动物防治措施见表2-4。

表2-4　场内有害动物防治措施

序号	动物	防治措施
1	老鼠	① 必须有长期的、有效的及专人负责的消灭老鼠的工作计划和工作内容 ② 建筑物的洞穴、排水系统的管道与排水入口都必须有封死的金属网 ③ 没有供老鼠繁殖、藏身的空纸箱或开封的食品箱等 ④ 保持加工间的卫生清洁 ⑤ 保持后仓的食品无散漏，特别是粮食、水果、油、食品残渣等 ⑥ 定期检查黑暗的角落、过道、货架底部、橱柜、仓库的死角等老鼠经常出没的地方 ⑦ 设置灭鼠网、灭鼠器、灭鼠药、灭鼠胶等
2	苍蝇、蚊子	① 设置灭蝇灯、风帘、沙门等灭蝇设备 ② 定期对排水渠、下水道、地面、垃圾桶和垃圾堆进行喷杀灭卵 ③ 食品销售柜、加工间保持封闭，减少食品的暴露，随手关门、盖盖 ④ 用灭蝇拍拍流动苍蝇
3	蟑螂	① 设置除蟑螂器、采用药物对蟑螂出没的地方重点喷杀 ② 及时清除蟑螂卵，并对比较阴暗的食品加工区域进行重点防治 ③ 保持整个食品加工区域的清洁卫生

下面提供一份××便利店营业现场环境卫生清洁、检查细则的范本，仅供参考。

××便利店营业现场环境卫生清洁、检查细则

1. 目的

统一各级人员对环境卫生重要性的认识，营造良好的购物环境，以此提升门店的形象并推动销量的增长，提高顾客满意度。

2. 适用范围

适用于门店的外观和内部环境，包括墙体、门外广场、门店各大门、橱窗、地面、天花、窗户、商品、人员、设备、设施、用具、工具及影响环境舒适性的色彩、照明、声音、气味等。

3. 目标

管理人员具有保洁意识，能够发现目前环境卫生存在的问题。

营业员养成良好的卫生习惯，随时清洁周围环境。

档口工作人员仪容仪表整洁，遵守卫生规范。

清洁工保证地面干净整洁，墙壁及有关设施、设备无污迹，空气清新。

最终使公司每位员工均具有保洁意识：见到门店内的垃圾随时捡起放回垃圾桶；对顾客遗留的杂物及时清理；对掉落的商品立即捡起放回原位；遇到个人无法清洁的污迹，立即通知清洁工进行清理。

4. 现场环境清洁操作规范及检查标准

序号	清洁项目	操作规范	清洁标准和检验方法
1	柜台地面卫生（包括死角①、试衣间、摆放模特的位置）	① 营业前、营业后，先用扫帚清除垃圾、灰尘，再用清水拖地或用毛巾擦拭，拖把和毛巾不宜过湿 ② 营业期间，地面若有灰尘、纸屑、线头等应及时清扫，地面有水渍应及时拖干净 ③ 地面有粘胶物应用铲刀清除，如遇到个人无法清洁的污渍，应及时通知清洁工处理 ④ 超市货架底地面需应用扫帚清除垃圾、灰尘	目视无垃圾、灰尘、污迹，保持干爽、光亮、洁净、地面无水迹
2	柜台、货架、收银台、开票台、存包台、服务台	① 玻璃柜台每天营业前用玻璃水擦一遍，日常发现脏污、手印等立即用抹布擦净 ② 每天营业前，将货架（包括每层板面、侧面）用半干毛巾擦一遍；营业中发现脏污立即用抹布擦净	手摸无灰尘、目视无污垢，保持光亮洁净，物品摆放整齐，不杂乱

（续表）

序号	清洁项目	操作规范	清洁标准和检验方法
2	柜台、货架、收银台、开票台、存包台、服务台	③ 每天营业前，将收银台、存包台、服务台、开票台用湿毛巾擦一遍，再擦干；营业期间，台面有污迹应及时用毛巾擦拭。随时清理台面杂物，开票台面所放的用具要摆放整齐并且不超过3件 ④ 超市堆头垫板用湿毛巾擦干净 ⑤ 顽固污迹应用去污粉或洗洁精清理干净	
3	模特架	每天早上用湿毛巾擦一遍，再擦干；营业中发现脏污应立即用抹布擦干净	手摸无灰尘，目视无污垢，保持光亮洁净
4	试衣间的门、镜子、墙面、试鞋凳	① 镜面每天营业前用玻璃水擦一遍，日常发现脏污、手印应立即用抹布擦干净 ② 门面、墙面每天早上用湿毛巾擦拭，再擦干	手摸无灰尘、目视无积垢，镜面无灰、无印迹，保持光亮洁净
5	促销车、POP架、柜台摆放的奖牌	每天早上用半干的毛巾擦一遍，顽固污渍应用去污粉或洗洁精清理	目视干净、无黏物，手摸无灰尘。
6	各楼层办公室（包括广播室、保卫室、电工班、理货区、验货区等）	① 每天早上用毛巾将办公台面、柜面及用具（包括设备）擦拭干净 ② 每天营业前清扫地面，再用半湿拖把拖地，营业时发现垃圾应随时清扫，每晚下班后应清倒垃圾 ③ 办公桌面保持整洁，办公用具、文件归类摆放整齐 ④ 办公室门（包括卷闸门）、玻璃窗户至少半个月擦拭一次，玻璃用玻璃水擦拭，顽固污渍应用去污粉或洗洁精清理	目视干净、整洁，手摸无灰尘，地面保持干爽清洁（无纸屑、垃圾等杂物）
7	周转仓	① 每周至少一次用扫帚彻底清除地面和货架上的垃圾、灰尘，日常发现有垃圾、灰尘应及时清扫 ② 每天做好货架整理，商品分类摆放、整齐有序，保持商品清洁卫生 ③ 天花板、风口每月用鸡毛掸扫去灰尘；如有印迹，要用湿毛巾擦干净	目视干净、整洁，无垃圾，无灰尘，无蜘蛛网；商品分类清楚、干净；地面干净清洁（无纸屑、垃圾等杂物）

（续表）

序号	清洁项目	操作规范	清洁标准和检验方法
7	周转仓	④ 周转仓门（包括卷闸门）、玻璃窗户至少一个月擦拭一次，玻璃用玻璃水擦拭，顽固污渍应用去污粉或洗洁精清理 ⑤ 防爆灯每月用干抹布擦拭一次，必须断电操作，确保安全，必要时请电工协助	
8	门店公共区域	① 若发现顾客吸烟，应及时、礼貌地制止 ② 见到门店内的垃圾应随时捡起并丢入垃圾桶；对顾客遗留的杂物，应及时清理 ③ 门店各类证件照、奖牌应根据美工人员指定的位置悬挂、摆放，如有污损、残旧，应及时清洁、翻新 ④ 不得随意在墙面上涂鸦、张贴图画或钉钉子 ⑤ 门店内所有通道应保持畅通，不允许堆积任何物品 ⑥ 服务台每天每班检查卫生次数不少于3次，发现不符合要求的及时指正	目视无垃圾、灰尘、污迹，保持光亮、洁净、畅通
9	员工就餐区	① 用餐后应自觉将垃圾扔入垃圾桶 ② 茶渣等应倒在指定位置，禁止倒入下水道 ③ 不允许用天虹购物袋或天虹宣传单（册）垫坐	目视无垃圾、污迹、杂物
10	卖场内商品及标识	① 营业前和营业后要全面整理商品两次，使商品摆放整齐；营业期间，发现商品摆放凌乱应及时整理 ② 营业前及上货时仔细检查商品的表面，对可擦拭商品，发现污渍、灰尘立即用半干毛巾擦干净；对服装类商品用毛刷掸干净，模特所着服装发现灰尘可用毛刷清洁，保持整洁、美观 ③ 平时保持商品标价签、标价签卡座、卡条的清洁整齐，发现卷边、残旧、破损应立即更换	目视无灰尘、标识无卷边、无破损、无残旧
11	柜台内设备	① 相关设备（含主机、显示器、键盘、打印机、传真机等）每天用半干毛巾擦拭，顽固污渍用去污粉清理 ② 电源线每周用半干毛巾擦拭，并绑扎整齐	目视无灰尘、无黏物
12	柜台内的公共设施	营业员应每天清洁消防设施等，不便清洁处可找清洁工协助，注意保护柜台内的商品	目视干净、无积垢

（续表）

序号	清洁项目	操作规范	清洁标准和检验方法
13	购物篮、购物车	购物篮、购物车内的杂物随时清理，购物车每周清洁一次，购物篮每天清洁一次	目视干净、无积垢、购物车轮干净、无黏物
14	柜台清洁用具、用品	① 清洁用具使用完后及时清理干净 ② 清洁用（工）具、用品存放于指定工具箱（房），不允许裸露放置于柜台内	无清洁用具（品）明显置于现场

注①：“死角”指责任方界定不清，易被忽视而久未清理的区域。

5. 检查对象

墙面、地面、门、大门口、外广场、外广场中的设备设施、橱窗、洗手间、垃圾桶、休息椅和意见箱；不锈钢包边、护栏、柱子、镜面、玻璃、铝板、木质设备、手扶梯、观光梯和步行梯；卷闸门、消火栓、灭火器、配电盘、公用电话、金融联取款机、“中国银行”标识牌、手机电池充电器和e城便利站；地毯、灯饰、花盆、空调门、天花板、风口和喇叭口；员工就餐区、更衣室、办公室、会议室和培训室；海鲜档口、鲜肉档口、蔬菜档口、下水道、熟食、生鲜档口、柜台地面卫生、货架卫生、商品卫生和员工个人卫生；柜台背板、踢脚线、专柜设备、收银台、收银机、桌面及周围隔板、开票台、存包台和服务台；模特架、模特脚垫板、试衣间的门、墙面及地面、堆头垫板、床脚垫板、镜子、墙面、试鞋凳、促销车、POP架和柜台摆放奖牌；各楼层办公室、广播室、保卫室、电工班、理货区、发货区和周转仓。

6. 检查要求及考核细则

管理人员在日常检查中要做到细致严格、挑剔苛刻，杜绝跟进不彻底、对一些脏乱的情况视而不见、死角多、遗留问题难封闭的现象，直至达到人人爱清洁、全员保洁的良好卫生习惯。

由各门店综合分部经理、服务台人员及被检查分部的管理人员组成检查小组进行检查。各门店主管环境卫生的总经理每月至少参加1次。

可用巡场覆盖或抽取两种方式进行检查，即按分部巡场覆盖或按分部抽取5～10个柜台的方式进行检查，注意各分部抽取柜台的总面积需大

致相当。对超市进行分区域抽查货架（包括干货架、果蔬架、冷冻柜等）或专柜，保证每个区域抽查范围大致相等。

不合格“项”的界定：一个纸屑、一个胶黏物、一团污渍各属一例；线头、头发、绒毛球、絮状物等其他碎屑 3 个属一例；一个专柜功能相同的部位（如开票台）、相同的问题属一例，不同的问题各属一例；功能不同的部位存在的问题各属一例；长 1.2 米的超市货架（含端架）相同的问题属一例，不同的问题各属一例；电脑配件、打印机和传真机相同的问题属一例，不同的问题各属一例。

严重不合格项的界定：死角、痰渍、蜘蛛网、大面积污迹、大片垃圾和大片胶印。

每周一早 9：00 前或晚 10：00 以后，各分部统一进行卫生大扫除（特殊情况时，门店也可自行安排大扫除时间），周二至周日检查小组定期或随机安排时间统一进行检查并验证效果，采用目视、手摸、拿纸巾擦拭的检查方法，将不合格项列出并以邮件形式对各分部存在的问题进行反馈，下周抽查分部问题的封闭情况。

各分部根据情节参照作业指导书 SC-005《营业现场管理考核细则》对不合格项进行扣分处罚。

每季末 28 日前，各门店将 3 个月内各分部的不合格项以门店为单位累计排名，超市楼层按不合格项累计 ×60% 计算排名，两个楼层的分部按不合格项累计 ×50% 计算排名，收银部、防损部、综合部不参加排名；不合格项统计将作为核对门店质量目标完成情况——环境卫生项的依据。

检查人员需严格按照文件要求及以上检查对象认真检查。

七、消防安全管理

便利店有义务给顾客提供安全的购物环境，所以门店的消防管理工作显得尤为重要。消防管理是指防止火灾、水灾及其他灾情处理的专门工作。门店的消防安全管理方针是“预防为主，防消结合”“以防为主，以消为辅”，要重点抓好防火及灭火工作。

1. 完善消防系统

便利店卖场消防系统主要有五大部分，如图2-25所示。

一般为国家统一标识，如“禁止吸烟”“危险品”“紧急出口”等。这些标识必须让员工熟记

建筑物在设计时留出的供消防、逃生用的通道。通道应保证通畅、干净及不堆放杂物，同时要让员工熟悉离自己最近的通道

紧急出口是指门店发生火灾或意外事故时，需要紧急疏散人员以最快时间离开商场而使用的出口。紧急出口同样必须保持通畅，不能锁死，平时也不能使用

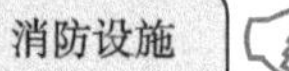

消防设施是用于防火排烟、灭火及火灾报警的所有设备。门店主要的消防设施有火灾报警器、烟感或温感系统、喷淋系统、消火栓、灭火器、防火卷闸门、内部火警电话、监控中心、紧急照明和火警广播

疏散指引图是表示门店各个楼层紧急通道、紧急出口和疏散方向的标识图。它提供给顾客及员工逃生的方向，必须悬挂在门店明显的位置

图2-25 便利店卖场消防系统的组成

2. 加强明火管理

便利店的顾客流量大，其中不乏吸烟者，随意乱扔烟头往往会引发火灾。因此，门店应加强明火管理，具体措施如图2-26所示。

1. 禁止吸烟。在门店入口处就应该设置一块禁止吸烟的标志牌
2. 门店在设备安装、检修、柜台改造过程中，营业区与装修区之间应进行防火分隔
3. 动用电气焊割作业时，应在动火作业前，履行用火审批手续，且现场必须有人监管，预先准备灭火器，随时做好灭火的准备

图2-26 加强明火管理的措施

3. 加强易燃品管理

门店经营的部分商品属于易燃易爆品。易燃易爆商品的使用方式可

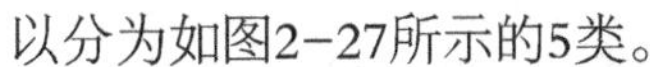

以分为如图2-27所示的5类。

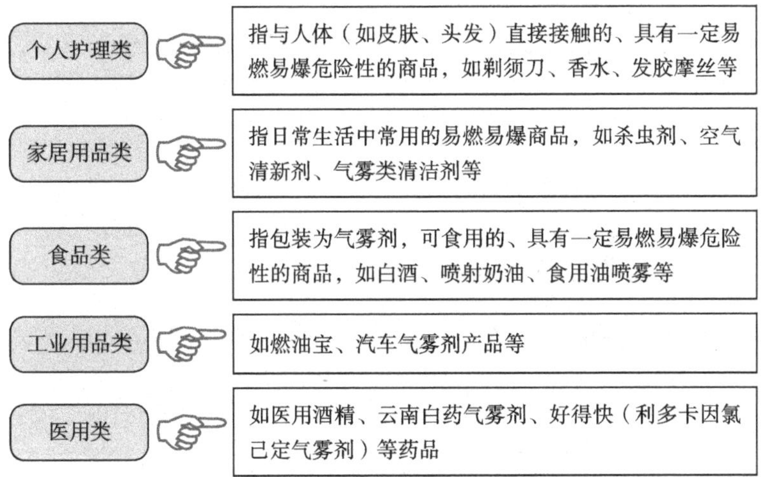

图2-27　易燃易爆商品分类

对上述这些商品，便利店要加强管理，要求如图2-28所示。

1. 易燃易爆商品要防止日光直射，要与其他高温电热器具隔开，妥善保管
2. 大批量的易燃易爆商品要用专用库房储存，不得和氧化剂、食品等混存，应远离暖气等取暖设备
3. 地下门店严禁经营销售烟花爆竹、发令枪支、汽油、煤油、酒精、油漆等易燃易爆商品

图2-28　加强易燃品管理的要求

4. 加强全员消防教育

防火工作人人有责，便利店是人员众多的公共场所，要做好防火工作，必须依靠全体员工，因此要不断提高员工的消防意识。具体措施如图2-29所示。

1 分析大量的火灾资料可知，火灾的发生大多是由违反规定、不懂灭火知识导致的，因此门店每年都必须结合业务特点、季节变化，把防火教育作为重点，同时教员工学会报警、使用灭火器和室内消火栓，以及扑灭初期火灾的本领

有条件的门店可讲解燃烧原理、燃烧三要素、与业务工作相关的防火知识和发生火灾后的处置方法等，使全体员工具备防火、灭火的常识

门店还可以利用广播、标语等媒介向每位员工和门店内的顾客宣传消防知识和防、灭火基本常识

图2–29　加强全员消防教育的措施

5. 加强消防设施、器材的管理

消防设施与器材是门店员工与顾客人身安全的重要保证，管理目的是保证其性能灵敏、可靠，运行良好。管理要点如图2–30所示。

1. 门店中所有的消防设施、灭火器材及其分布图必须建立档案进行登记，安全部和工程部各留档案备案
2. 保安部全权负责门店所属消防报警设施、灭火器材的管理，负责定期检查、试验和维修，确保其性能良好
3. 消防器材应在每月及重大节日庆典之前进行全面检查，其中，消火栓、灭火器等设备应进行特别检查和试喷，并签字确认
4. 门店各部门的义务消防员应对本区所辖的消防器材进行管理及定期维护，发现问题应及时上报
5. 非专业人员不得私自挪用消防器材
6. 消防器材放置的区域不能随意挪动或改为商品促销区域
7. 消防器材，特别是灭火器，必须按使用说明进行维护，包括对环境和放置的特殊要求
8. 做好消防设备的检查

图2–30　消防设施、器材的管理要点

第三章

月度工作安排

便利店是向顾客提供便利，以满足顾客便利性需求为主要目的的小型商店。可以说，便利店的经营业务就是围绕着商品这个核心而展开的。因此，店长的月度工作重点就是做好门店的商品管理。

一、商品分类管理

商品的分类，是指按照一定的目的，为满足某种需要选择适当的分类标志和特征，将商品科学地、系统地划分为不同的大类、中类、小类、品类、品目、品种，以至规格、品级等细目。

相对来说，便利店营业面积较小，商品种类较少，但也有2000～3000种商品。如何在有限的营业空间里通过商品向顾客传递最具有“销售力量”的信息，是店长必须考虑的问题。

从经营者的角度出发，商品分类要实现“易于管理”“易于统计、分析、决策”的效果；从顾客的角度来看，要为顾客提供“选择购买方便”“消费或使用方便”的好处。

管理妙招

商品分类是商业信息化成功的前提条件。科学的商品分类有助于商店的采购管理、陈列管理、销售管理以及较好地掌握商店的经营业绩。

1. 商品分类的方法

商品分类的方法各种各样，根据方法的不同，可以划分出不同的商品类别。

（1）按商品之间的销售关系划分

根据商品之间的销售关系，商品可分为独立品、互补品、条件品和替代品，具体如图3-1所示。

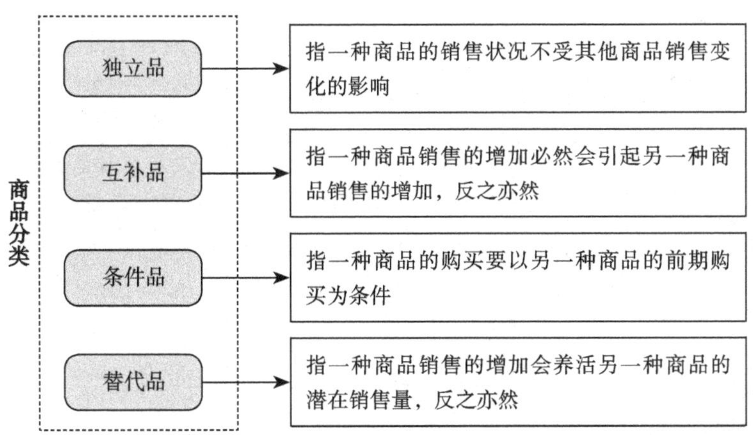

图3-1　按商品之间的销售关系对商品分类

（2）按商品耐用性和损耗性划分

根据商品是否耐用和是否有形，商品可分为耐用品、非耐用品和服务3类，具体如图3-2所示。

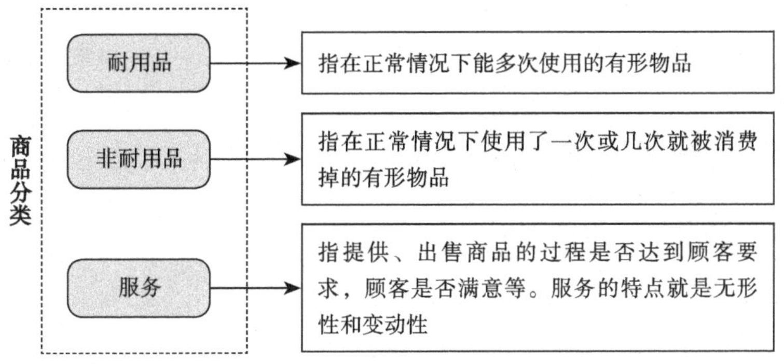

图3-2　按商品的耐用性和损耗性对商品分类

（3）根据消费者的购物习惯划分

根据消费者的购物习惯（这里主要指消费品），商品可分为日用品、选购品、特殊品和非需品4类，具体见表3-1。

表3-1 按消费者的购物习惯对商品分类

序号	类别	说明	备注
1	日用品	消费者通常购买频繁，有需要即可购买的，并且只需花最少精力和最少时间去比较品牌、价格的消费品	日用品都是非耐用品，而且多为消费者日常生活必需品
2	选购品	消费者会仔细比较其适用性、质量、价格和式样，购买频率较低的消费品	消费者在购买选购品时，一般会花大量的时间和精力收集信息进行比较
3	特殊品	消费者愿意花特殊的精力去购买的有特殊性质或品牌识别性质的消费品	如特殊品牌和型号的汽车、定制西服等
4	非需品	消费者要么不知道，要么知道但是通常并不想购买的消费品，绝大多数新产品是非需品，直到消费者通过广告认识了它们为止	千方百计地吸引潜在顾客，扩大销售

当然，商品的分类方法不止上述几种，还有其他一些分类方法。

例如：按商品的档次划分，可分为高档品和低档品；根据商品在店铺销售中的作用划分，可分为主力商品、辅助商品、辅助性商品和关联性商品。

2. 商品分类的原则

商品分类中最重要、最关键的问题是确定分类原则。一般来说，无论便利店的组织或规模如何，商品的分类通常可以分为大、中、小3个层次。先将店铺的商品确定大类属性，再依次细分。

（1）大分类

大分类通常按商品的特性划分，如水产品是一个大分类，属于这个分类的商品都与水、海及河有关系，保存方式、加工方式也基本相同，因此可以归为一类。

一个便利商店中，大分类的数量最好不要超过10个，这样比较容易管理（在店内编码时，大分类的划分一般只给一位数）。

（2）中分类

中分类可以按照功能、用途来划分，也可以按商品的制造方法或商品的产地等特性来定。具体见表3-2。

表3-2 商品中分类原则

序号	分类原则	具体说明
1	按商品的功能、用途划分	如在杂货类这个大分类中，可区分出家庭用品的中分类，使消费者在选购时，只要从家庭用品这个功能、用途来寻找，即可轻易找到
2	按商品的制造方法划分	有些商品的用途并不完全一样，统一按功能、用途划分有难度，就可以按商品的制造方法划分。如“熟肉制品”作为中分类，火腿、香肠、腊肉、卤味等就可以归为此类
3	按商品的产地划分	例如：可根据商业圈内顾客的喜好，设置“进口水果”这个中分类，那么所有国外进口的水果都可以归为这个中分类

在便利店中，商品分类可以遵循以上原则，即先按商品的功能、用途划分，再按商品的制造方法划分，最后按商品的产地划分进行分类管理。

（3）小分类

小分类的分类原则，是按照中分类的分类方法再进行细分。分类依据可以是功能用途、规格、包装形状、商品口味等。

上述商品分类原则可作为便利店商品分类时的参考。做好店铺的商品分类，最重要的是根据市场购买需要和店铺的实际情况，编制合适的分类系统。便利店在编制分类系统时应注意如图3-3所示的几点。

01 以实际情况为前提

02 从顾客的角度出发，让顾客感到商品齐备和丰富，增加顾客购买的便利性

03 分类方法简单明了，便于管理商品

04 分类充分体现店铺的个性特点

05 分类具备相当的弹性和发展空间等

图3-3 编制分类系统时的注意事项

二、商品组合管理

如果每个商品既有利润、又有销量，而且牌子响亮、不用店家费力推销、顾客就会指名购买，那就太好了。可是在现实中，几乎没有这样完美的商品。每样商品都有优势，又存在一些短板。如利润高但牌子新的商品，由于顾客的接受度较低，销量也很低；而销量大的名牌商品，往往因为价格已经透明化了，利润也会相对薄弱。

通俗地说，就是好卖的不赚钱，赚钱的又不好卖。这个问题怎么解决？这就需要商品组合，即通过组合每个商品本身的不同特点，发挥各自的优势，取长补短、形成合力，在吸客、销量、利润等因素之间取得平衡。这就好比炒菜，有主料、辅料、配料，根据一定的比例进行组合，才能烧出好味道。

1. 明确商品功能

做商品组合，首先要明确每样商品的基本功能，常见的商品功能定位如图3-4所示。

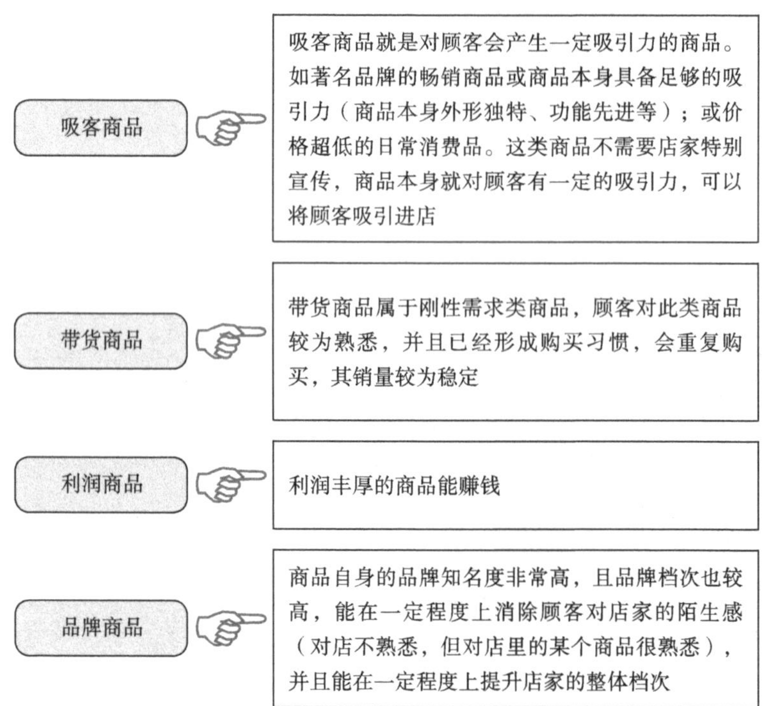

是用来与竞争对手竞争的主打商品，或为了转移顾客的注意力，避免价格战之火“烧”到自己的利润商品

当前销量较低，但未来发展前景不错，值得花费时间和精力培养的商品

图3-4 常见商品功能定位

2. 商品组合方式

上述是常见的六大类商品功能概述。各种商品的功能不一样、销量不一样，能带来的利润也不一样，需要通过一定的组合，才能发挥最大的整体效益、平衡销量和利润。

那么，这六大类商品该通过什么样的结构整合在一起呢？一般来说，有以下几种方式。

（1）按商品比重整合

在结构确定之后，各类商品就涉及比重的问题了，也就是什么样的商品，占比设定为多少比较合适，常规的商品比重见表3-3。

表3-3 常规的商品比重

产品类型	参考销量占比值
吸客产品或带货产品	40% ~ 50%
高利润产品	20% ~ 30%
培养产品	10% ~ 20%
品牌产品	5% ~ 10%
竞争产品	5% ~ 10%

（2）按利润比重整合

当然，不管商品比重怎么设置，最终都是为了利润，不同的商品类别，所承担的利润贡献比例是不一样的，常规利润占比结构见表3-4。

表3-4　常规利润占比结构

产品类型	参考销量占比值
吸客产品或带货产品	30%~50%
高利润产品	20%~30%
培养产品	10%~20%
品牌产品	5%~10%
竞争产品	-10%~0%（无利润，或略亏）

（3）按价格带整合

同一品类的商品，需要设置不同的价格带，来满足不同层级消费者的需求，主要的设计因素有两个：价格带的范畴以及每个价格带的比重见表3-5。

表3-5　价格带比重

价格带区间（例）	产品比重（例）	对应的产品类型
10~30元	5%~10%	
30~60元	20%~40%	
60~100元	30%~40%	
100~300元	10%~20%	
300元以上	5%~10%	

（4）按商品特性整合

难度最大的商品组合设计，就是按照商品的特性设计商品组合，这需要店主对消费者的购买习惯，以及商品品类非常熟悉才行。所谓商品的特性组合，是指以消费者群体的各类需求特性为基础，以满足消费者特性需要为目的进行的商品组合设计。商品特性比重见表3-6。

表3-6　商品特性比重

产品特性类别（例）	产品比重（例）	对应的产品类型
普通消费	30%~40%	
应急/备用	10%~15%	

（续表）

产品特性类别（例）	产品比重（例）	对应的产品类型
形式／排场	20%～30%	
专业级	10%～20%	
创新／个性化	5%～10%	

3. 商品组合的匹配原则

商品组合的框架完成了，接下来就要往里面填充具体的商品了。那么，究竟选择哪些商品装配到对应的商品组合位置上去呢？

这里有个最基本的原则就是“匹配”，也就是说没有绝对的好商品与坏商品，只要是匹配的商品就行。

（1）匹配当地的消费者群体

不同的消费者群体，对各类商品的功能认可度是不一样的。甚至在同一个城市的不同社区，消费者的层次和消费能力都是有区别的，需要不同的商品组合来匹配。经营者可根据表3-7中的方法找到与当地消费者群体相匹配的商品。

表3-7　匹配当地消费者群体的考察方法

序号	考察方法	具体说明
1	考察当地经营多年的同类门店	这些老店的商品结构也是在多年的经营过程中，逐步调整和总结出来的，较为贴近当地市场的实际情况
2	考察当地的大卖场，尤其是国际性大卖场	国际大卖场大多采取了品类管理，针对每个卖场所处的商圈，进行消费者群体结构调查，再依据相关的调查数据，设定每个卖场不同商品类别的商品结构和比重。比私营门店靠经营历史沉淀得来的商品结构，效率更高、更专业
3	考察当地商圈	店长亲自执行市场调研，通过走访了解门店所在商圈的基本情况，如社区的数量、等级，周边商业机构的消费特点与层级，大型企事业的数量，大中型零售消费企业的状况，主要街道的客流量等情况，综合分析判断

（2）匹配自己的销售能力

店长通过走访当地的同类门店，可以很快了解初步的商品结构。但是那还不是自己的商品结构，要想确定自己的商品结构，无疑要考验店主自己的销售能力。若店长本人不亲自值守在店里，而是靠员工进行销售工作，那么店长将很难全面了解各品类商品的销售情况，更不用说确定商品结构了。此外，商品结构的确立还涉及员工的销售能力，乃至店长的技术辅导和人事管理能力。

三、商品定价管理

在零售市场营销组合的四大要素（商品、价格、服务、促销）中，价格是唯一能直接给企业带来利润的要素。便利店和其他零售业态相比，它的价格特征是物美价廉，定价原则是薄利多销。所以，店长要重视商品定价工作。

1. 商品定价步骤

店长要控制商品的价格，首先需要掌握如图3-5所示的商品定价步骤。

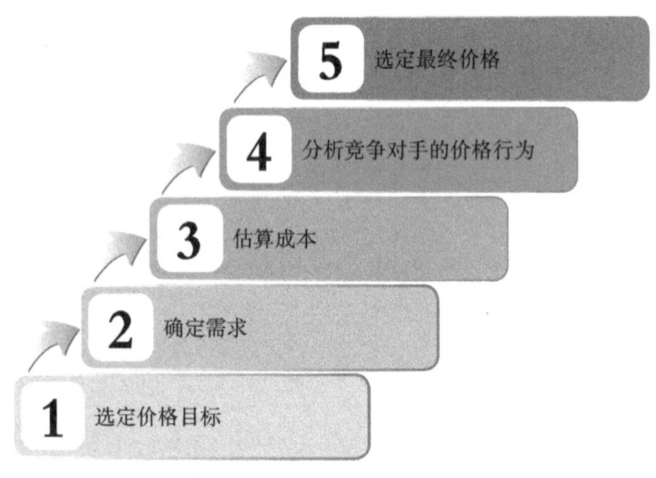

图3-5　商品定价步骤

（1）选定价格目标

店长在为商品定价时，一定要有价格目标，当碰到竞争或消费者无

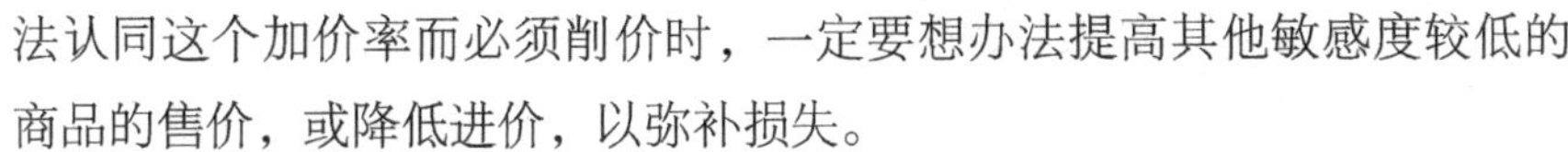
法认同这个加价率而必须削价时，一定要想办法提高其他敏感度较低的商品的售价，或降低进价，以弥补损失。

（2）确定需求

需求是指需求量与价格的关系。影响需求的因素包括：消费者偏好、消费者的个人收入、消费者对价格变化的期望、相关商品的价格及广告费等。测定需求的基本方法是对商品实施不同的价格，观察其销售结果。

（3）估算成本

店长在估算成本时，历史成本可以作为基本的依据，同时要注意：在不同的经营规模下，平均成本会有所不同；市场资源条件的变化会影响经营成本；经营管理越成熟，在其他条件不变的情况下，平均成本有可能下降。

（4）分析竞争对手的价格行为

店长分析竞争对手的价格行为，主要是为了了解竞争对手的价格和商品质量。如果便利店提供的商品或服务的质量与竞争对手相似，那么制定的价格也必须与之接近，否则就会失去市场份额；如果其质量高于竞争对手，则定价可以高于竞争对手；如果其质量不如竞争对手，就不能制定高于竞争对手的价格。

（5）选定最终价格

店长通过各种方法制定的价格还不是最终价格，在选定最终价格时，还必须考虑的因素见表3-8。

表3-8　选定最终价格考虑因素

序号	考虑因素	具体内容
1	消费者的心理	香水、化妆品等商品可采取声望定价法，即制定较高的价格，因为消费者把价格作为衡量商品品质的一种标志，如果价格定得过低反而没人购买。尾数定价法能使顾客产生便宜的感觉
2	既定价格政策	许多店铺明确规定了自身的价格形象，如同类商品比市价低3%～7%，在定价时要体现这种公认的价格政策
3	其他影响	店长在制定价格时，应考虑供货商、竞争对手、销售人员等对价格的反应，以及政府会不会干涉和制止、是否符合有关法律规定等

2. 商品定价的策略

价格通常是影响交易成败的重要因素，也是市场营销组合中最难

以确定的因素。定价太高，可能损失了潜在客户；定价太低，又损失了自身的利润。店长掌握好商品的定价策略，灵活地给商品制定合理的价格，才能应对各项挑战，稳定地获取利润。一般来说，店长可参考图3-6所示的策略给商品定价。

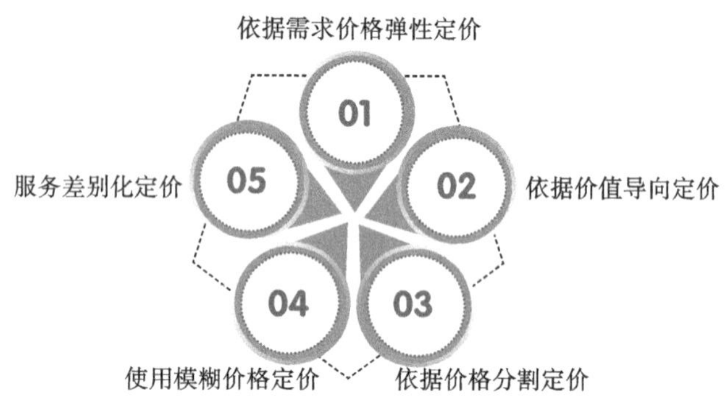

图3-6　商品定价的策略

（1）依据需求价格弹性定价

需求价格弹性是需求量变化百分比与价格变化百分比的比率，是衡量价格变化对销售量影响的最直接指标。

当比率大于1时，表示需求富有弹性（高弹性）。如康师傅冰红茶，可以通过降低价格提升销售量，达到薄利多销、提升营业额的目的；但不能提升价格，否则会降低销售量。

当比率大于0、小于1时，表示需求缺乏弹性（低弹性）。如一些用品，可以通过提高价格来获取更多的利润。

（2）依据价值导向定价

产品自身的价值是定价的关键因素。顾客认可产品的价值（即心理价位），愿意为此付出较高的价格。

例如：6元的红牛，如果卖5.5元/瓶，顾客会很容易接受，因为顾客的认知就是6元/瓶。但如果定价5.5元/瓶的话，需要通过增加销售量来弥补毛利的损失利润。如果达不到增加利润的目的的话，建议选择其他商品。

（3）依据价格分割定价

这种定价其实是一项心理策略，让顾客感觉实惠、便宜、方便并愿意购买。

例如：在买鸡蛋时，货架上有两种包装，都是土鸡蛋，分别是散装（8.8元/斤）和包装好的一盒（12元/8个），有的顾客为了方便，多数情况下愿意买包装好的，这就是用较小的单位来报价。

（4）使用模糊价格定价

店长通过组合商品，巧妙地让顾客觉得组合后的商品价格更便宜、实惠，从而产生购买欲望。

例如：将畅销的商品和高利润的商品组合销售，让顾客感到实惠，从而购买。

（5）服务差别化定价

产品和服务连在一起的话，价格的敏感度是下降的。店长要让客户感觉到他需要你解决他的问题，而不是简简单单地购买一个产品。通过附加的服务项目，不仅能提升零售价格，还能提升销售量和销售利润。

3. 商品定价的技巧

店长可以将各种定价技巧综合运用，从而达到吸引顾客购买的目的。

（1）同价销售法

例如：只要顾客出10元，便可在店内任选一件商品（店内商品都是同一价格的）。尽管一些商品的价格略高于市场价，但抓住人们的好奇心理，仍可以招来大批顾客。

（2）低价法

这种策略技巧是先将产品的价格定得尽可能低一些，使新产品迅速被消费者接受，优先在市场中取得领先地位。这种定价技巧虽然使利润过低，但能有效地排斥竞争对手，使自己的产品长期占领市场。

在应用低价格方法时应注意：高档商品慎用，对追求高消费的消费者慎用。

（3）非整数法

这种把商品零售价格定成带有零头结尾的非整数的做法，被销售专

家们称为“非整数价格”。这是一种极能激发消费者购买欲望的价格。这种策略的出发点是认为消费者在心理上总是存有零头价格比整数价格低的感觉。

（4）弧形数字法

“8”与“发”虽毫不相干但宁可信其有、不可信其无。带有弧形线条的数字，如6、8、10易为顾客接受；而不带有弧形线条的数字，如1、4、7等相比而言就不大受欢迎。在价格的数字应用上，应结合我国国情和地方社情。

（5）分级法

店长在制定产品销售价格时，要考虑顾客的购买能力。低档货适合低收入者的需要，定价要稍低，且低档货的需求者多，要多进一些。高档货适合高收入者的需要，定价要稍高一些，但高档货的需求者少，要少进些。有些独家经营的贵重商品，定价不封顶，因为对有些人来说，只要是他喜欢的，价格再高他也会购买。

（6）习惯法

许多商品在市场上流通，其价格已形成了消费者共知的基本价格，这类商品一般不应轻易涨价。但是，如果商品的生存成本过高，又不能涨价该怎么办呢？可以采取一些灵活变通的办法，如可以用廉价原材料替代原本较贵的原材料，也可以减少用料、减轻分量等。

定价策略，是为了保证价格具有较强的竞争力和攻击性，定价技巧要从顾客的角度出发，让顾客感受到“便利”，这样才能在竞争中脱颖而出。

四、商品陈列管理

对便利店而言，如果只是简单地把商品随意一放，那只能说是一个杂货店，要让便利店火起来，除了要在便利店装修、商品质量、服务和性价比上下功夫外，在商品的陈列上也需多费心。

1. 商品陈列原则

合理的商品陈列可以使便利店销售额提高很多，而且更方便顾客自助挑选商品。由于便利店的导购人员不多，所以合理的商品陈列就显得非常重要。一般来说，便利店的商品陈列应遵循图3-7所示的原则。

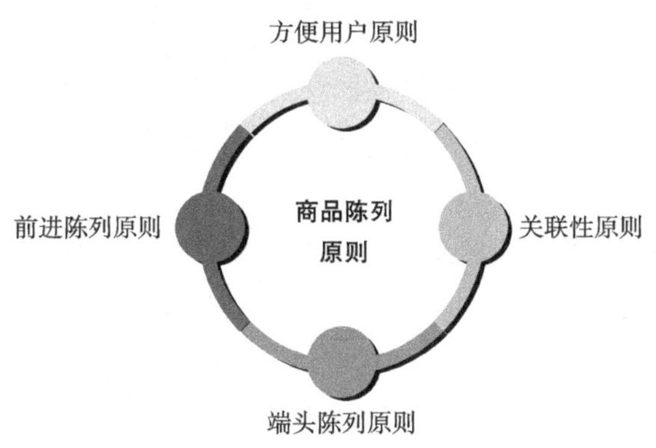

图3-7　商品陈列原则

（1）方便用户原则

便利店陈列的商品是为了销售给用户，也只有让顾客亲自挑选到商品才能达到销售目的。因此，便利店陈列的商品是以方便用户为先，在收银台处设置香烟、口香糖、报纸、巧克力等占用空间小、而又被顾客经常购买的商品，既能节约便利店的空间，又能在顾客于收银台付款时，刺激顾客的购买欲望。便利店商品陈列实例如图3-8所示。

图3-8　便利店商品陈列实例

其次，便利店的前端应陈列饮料、啤酒、食品等保质时间较短、单价较低的商品，这样能给顾客带来物美价廉的心理感受。

最后，便利店的尽头陈列指甲刀、剪子、木梳等保质时间长的东西，这样更利于理货员理货。

（2）关联性原则

因为便利店不同于大型超市，不可能有大量的厂家人员为顾客导购。因此，陈列的商品满足关联性原则就显得非常重要。所谓关联性，并不是把相关子类产品简单地垂直陈列在一个区域，而是要做到区域到区域的关联导购作用。

例如：从调料区域导购到挂面区域，从挂面区域导购到餐具区域，一个合理的关联性导购，可以使消费者在购买某种商品的同时，又购买了计划外的另一种商品。

（3）端头陈列原则

端头是指货架两端的地方，这两端处于开阔区域，是顾客通过流量最大、往返频率最高的区域。端头陈列是指在货架两端的地方设置小型货架，而进行商品陈列的方式，一般端头陈列的商品为新出品的商品，以及促销产品。端头陈列应注意图3-9所示的事项。

1. 端头陈列的商品要求做到少而精，种类过于繁多不易吸引消费者，反而失去了端头陈列应起的作用
2. 端头陈列最好选择关联产品组合，不应该把无关联的商品陈列在端头上，这样容易给顾客造成疑惑，减少顾客的购买欲望
3. 在端头组合陈列中，店长可以选择一两种商品作为特卖商品，吸引消费者购买
4. 在端头陈列商品中，店长最好在端头货架上方架设告示牌，这样既能增强视觉效果，又能刺激消费者的购买欲望

图3-9　端头陈列的注意事项

（4）前进陈列原则

前进陈列原则就是在商品售出一部分后，货架前方出现空缺，这样容易给消费者造成“这是剩品”的感觉，因此需要在还没有补货的情况下，将商品向货架前方排列，使商品陈列显得丰满、美观。

当商品空缺又不能及时地补货时，便利店利用前进陈列原则，将剩余商品向前陈列，能给顾客以整齐感与饱和感，获得顾客消费心理的认同，从而吸引顾客进行消费。

2. 商品陈列技巧

那么，便利店如何进行商品陈列呢？可参考如图3–10所示的技巧。

图3–10　商品陈列技巧

（1）通透照明重基础

由于便利店面积有限，而商品的种类和数量会越来越多，店长在陈列商品时，一定要考虑便利店的通透感和照明情况，让顾客赏心悦目、方便购物。一般来说，大件物品不能陈列在窗户和出入口处，照明灯下的货架不应堆放大件物品。

（2）易看易选是原则

很多顾客在便利店购物的时间很紧张，所以便利店一定要让顾客易看、易选商品，为此设置醒目、明确的导购指示标志是很有必要的。

例如：便利店热销的水、饮料、纸巾等物品应该放在出入口处，方便顾客进店购买，这也将大大降低便利店内的空间压力。新品、畅销品、促销活动商品要多排面陈列，并有POP标识。

（3）主题鲜明有特色

便利店商品陈列要突出地区和季节特色。

例如：夏季就要给牛奶、饮料、水、冰激凌等止渴商品较多的陈列空间；冬季则应该将冷冻食品、汤圆、速冻水饺（云吞）等冬季热销商品放在便利店的焦点区域。

（4）摆放位置重细节

商品陈列架上、中、下3端物品陈列要有层次，要求如图3-11所示。

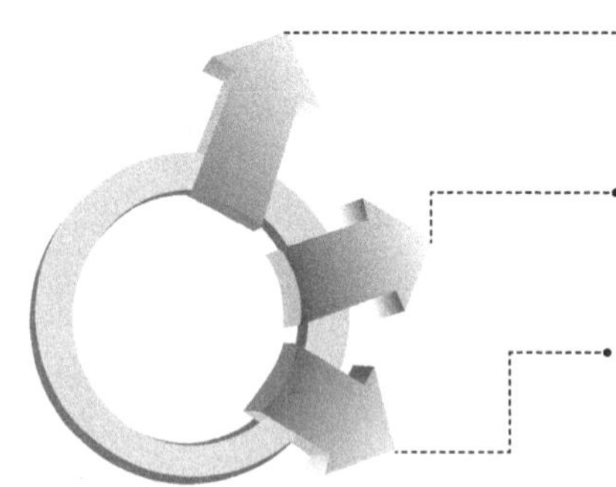

图3-11　陈列架上、中、下3端物品陈列要求

另外，物品应该摆放在货架的外缘，并保持货架货品的充足，让顾客获得一种视觉冲击和充实感。有价位梯度的商品要按价格顺序依次摆放，方便顾客从性价比上做出购买判断。

（5）经常整理勤更新

便利店要及时整理商品补货，过期商品要及时撤出下架。临近过期的商品应放在货架外缘或及时处理。便利店的库存量在2500～3000个。只有及时下架滞销品，才有位置陈列新品、畅销品，提高销售额。应随时保持货架一尘不染，让顾客在轻松、整洁的环境里愉快消费。

（6）抓住心理是关键

应该将有关联的商品，如牙刷和牙膏、洗发水和沐浴露等，尽量放在一起，以便顾客在购买一种商品时想起购买其关联商品。女性用品货架一定要关联陈列，如化妆品、卫生用品、生理用品、轻小服饰、牙膏牙刷等。

相关链接

探秘全家便利店里的商品陈列

以全家为例，一家便利店有2000～3000种可供调配的商品，采取末尾淘汰制度，表现不好的商品在货架上待不过3个月，一年下来被替换更新

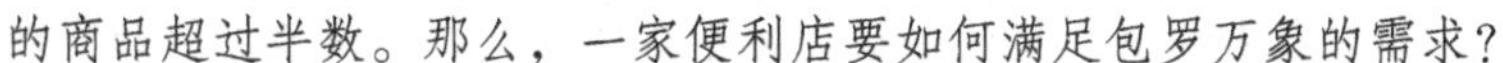
的商品超过半数。那么，一家便利店要如何满足包罗万象的需求？

1．“回”字形的店铺，让顾客一定会经过这些货架

一家标准的便利店，使用面积一般在100～120平方米。便利店会根据店铺的大小在设备上有所调整，如7-ELEVEn这种的特别小的门店会设有加高的特殊货架。

和杂货铺不同的一点是，便利店很少会让顾客走回头路。顾客从入口到一直走到最里面的日配商品，然后到收银台，最后出门，正好绕一圈。除非有明确的购物目标，一般来说顾客会按照这条路线逛上一圈。全家便利店模型如图3-12所示。

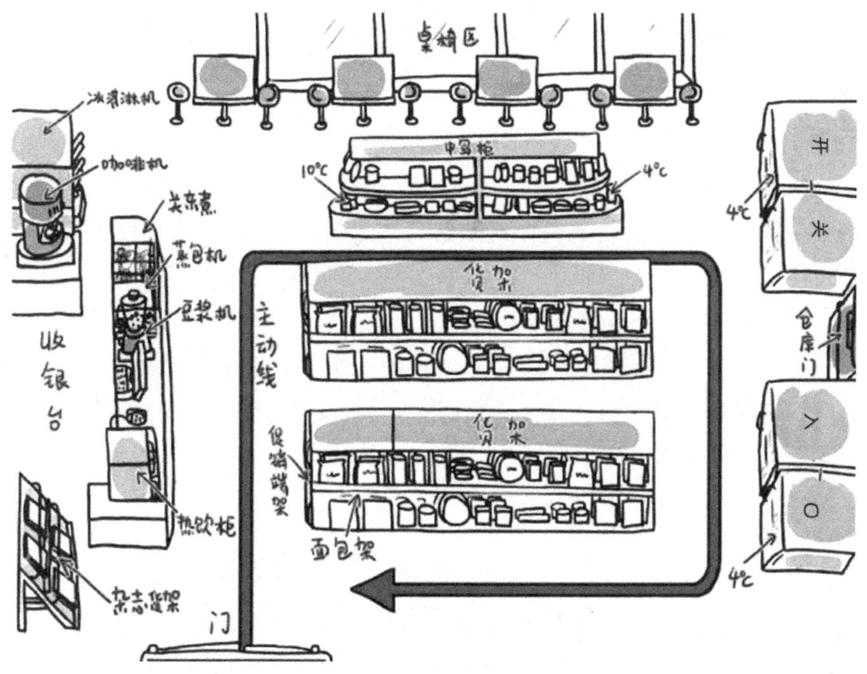

图3-12　全家便利店模型

在这条“主动线”上，顾客会途经便利店主推的“促销端架”、自产商品货架、占便利店40%营收的鲜食产品……在圈的中心则放置非日配商品和杂货货架，杂志放在靠窗的位置。

收银台一般在店门的一侧，店铺门一般不会开在店面正中，这样方便顾客结账后以最短距离出门。

关东煮、包子等散装即食品的柜台紧靠收银台，一般会挨着一个放饮料的候补冷库，引导消费者搭配着饮料一起购买。

日配商品（又称鲜食产品）大部分是需要冷藏销售的，而冷藏货架需要靠墙摆放，因此日配商品一般在店铺的一侧，店铺的另一侧靠墙的是收银机和柜台。

2．头轻脚重，“强目的性”商品往下放

从小到大、从轻到重是便利店货架从上到下陈列商品的规则之一。例如：农夫山泉桶装水、大体积的抽式餐巾纸大多放在货架的底层。

根据物件的包装特征，便利店的货架设有挂钩，在货架中还设置了“架中架”，让各自不同品类的小物件能够整齐地摆放在一起。

在冬天，便利店会将时下流行的沁柠水、海晶柠檬这样的“轻口味水”放在最好的排面上，起到引导消费的作用。而可乐这样的强品牌效应产品则放在略微不起眼的位置，原因还是那句“想喝可乐的人，你放哪里他都会找到的”。而到了夏天，直接把卖得最好的可乐放在最显眼、最多排面的地方。

另外，冷柜中的饮料、三明治、饭团等也都是“强目的性”消费商品，消费者早就想好了要买，故而也不需要放在门口的显眼位置进行消费引导。

3．有一个更新最频繁的货架

进门后，面朝收银台的第一个货架被认为是便利店的“黄金地段”，这里是顾客的必经之地，排队结账时也免不了会在此逗留。

全家将这个货架叫“促销端架”，如图3-13所示，7-ELEVEn称其为“特设货架”，总之就是很看重的意思。

图3-13　全家便利店的“促销端架”

在这个货架上，没有一件商品会平白无故地出现。以全家便利店为例，目前第一层是专门为春节推出的活动商品，第二层是话题性商品，如《星球大战》《功夫熊猫》的电影周边。再往下数，“买一送一”“两件八折”……每件商品前都打上了促销标签。在促销商品的选择方面，全家会和厂家合作，但也会有所挑选，如在春节期间，就会多推一些肉干、炒货等零食。

4．面包的包装倾角和货架的倾斜度正好契合

便利店的商品分为日配商品（即每天配送的新鲜食品，如饭团、三明治、盒饭等）和非日配商品（如保质期时间较长的泡面、薯片），以及不能食用的杂货。

日配商品来自便利店专供的工厂，这意味着食物的配方，甚至包装都经过精心设计，为独家拥有。

全家每天提供两次鲜食商品送货，其他商品一天一次。午高峰过后，便利店内的三明治、寿司，以及自产系列的面包会出现不同程度的脱销。以面包货架为例，店员会根据从高到低的原则，将面包紧凑地排满上面两排，使货架尽可能好看些。

个别的一排面包品种只剩下一个，但也被放在货架的最前端，和其他排面齐平。奇怪的是，这个孤零零的面包在货架上自然立起，背后却没有任何支撑物。

仔细查看货架，会发现包装内盒子的倾角与货架倾斜度是匹配的。无需外力的帮助，面包都会直立地“站”在货架上，向顾客展示其包装全貌。

5．冰柜永远靠边

便利店靠墙放置的一排冷柜，开放式冷藏柜叫open-case，带有玻璃拉门的是walk-in（步入式）冰柜。这两处冷柜设定的温度都是4℃（误差±2℃）。

前者存放的是保质期较短的饮料、食品，这意味着便利店需要在更短时间内卖掉它们，使用开放式冷柜的消费者，更容易接近、拿取。后者储存的都是常温饮料（即运输过程中无须冷藏的饮料）。这种模式是从日本引进的，对于可乐这种碳酸饮料而言，冰的味道会更好。相对来说，人们对冰饮越来越热衷，尤其是年轻消费者群体。

冰柜贴边放的另一个好处在于，其背后就是仓库。仔细查看便利店的冰柜，walk-in和背后的仓库连通，作为补货的饮料被预留在冰柜后的货

架上提前冷藏，方便随时补货。通过这种方式，即便是大量消耗冰饮的夏天，消费者随时打开冰箱都能拿到一罐冰镇的饮料。

6．在冬天，热饮柜里都是小瓶装

除了店内提供的鲜煮奶茶、咖啡、豆浆等热饮，全家便利店通常在每年的11月到来年3月搬出一个小小的热饮柜。

在冬天，人们对饮料、水的需求一般会有所减少，一下子喝下500毫升会有点压力，所以热饮柜的规格都会设置得比较小。

热饮的瓶子需要经过专门研发，要符合耐热性能等安全要求。热饮柜内的温度在55℃，为避免铁罐烫手，会给罐装饮料加一个纸板杯套。每瓶饮料在放入热饮柜时，会在瓶底打上一个标签，标明食用的安全期限。

7．摆满了性价比很低的小包装商品

一般来说，大包装食品更加划算。例如：在大卖场，我们经常会看到“家庭超值分享装”“买三送二”等促销包装，总之卖得越多越好，买到就是赚到。但这种情况在便利店就比较少看到。

便利店的流行趋势是卖小包装食品。例如：妙芙，一只一只地卖；3+2夹心饼干，两片两片地卖。如图3-14所示。一方面是受限于陈列空间，货架位置对便利店来说实在是太奢侈的东西了。另一方面是因为便利店的消费人群对价格不敏感，不会在意几块、几毛钱的差价，对于这部分人来说，吃下一整条奥利奥反而会更有压力。

以毗邻商务楼的全家K11店为例，白领等商务人士是便利店的主要消费人群。两片饼干配一杯咖啡，恰好就是一顿下午茶。

图3-14　糕点饼干小包装

配合消费者“少食多餐”的生活理念，全家在秋冬推出了寿司散卖服务。消费者可以一只一只地挑选，自行搭配不同口味的寿司，买满四只可用盒子打包。

8．地段不同，货架上卖的东西也不一样

即使是同一品牌的便利店，不同地段和店型的便利店卖的东西也不尽相同。例如：医院附近的全家便利店会增加粥类的进货量，而毗邻商务楼的K11店会主推高品质的“黑标系列”盒饭。

K11店的冷藏柜面非常好看，摆放了一整排各种颜色的贝纳颂咖啡。而在普通的社区店，贝纳颂的排面只有3个。

五、商品理货管理

理货不但是经营便利店的基础，还是经营便利店的一个重要技巧。如果便利店的管理者能把理货这项工作做好，会给便利店的经营带来许多方便，甚至会提升销售业绩。

1. 理货的工作内容

理货的工作内容包括以下4项，如图3-15所示。

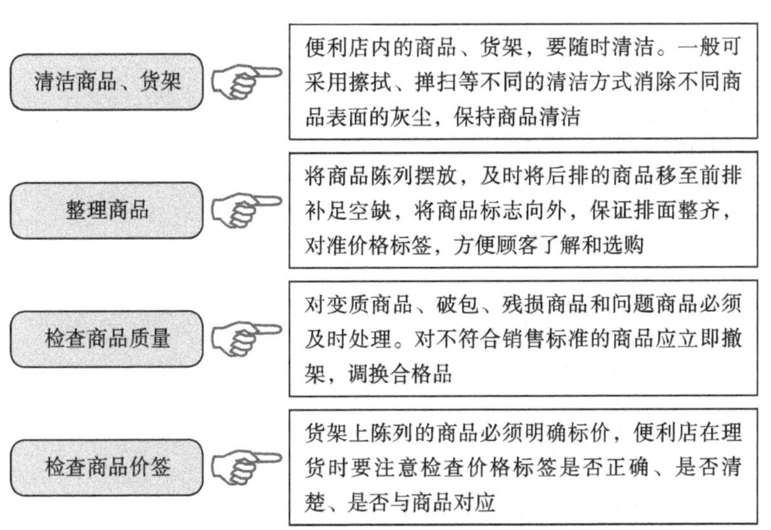

图3-15　理货的工作内容

2. 破包商品处理

对破包商品，便利店要及时安排员工处理，以维持卖场整洁与管理形象，减少不必要的损耗。具体处理措施如下。

（1）可否修复

对破包的商品，店员要判断其是否可以修复。商品包装破损严重、无法修复的应放弃修复。对于包装破损的卫生用品，无法保证卫生要求不得修复，食品的包装破损后，必须退货，不得进行修复。

（2）及时修复

对商品包装破损较小，且不影响销售质量的，店员应及时进行修复，具体如图3-16所示。

1 可修复包装的商品，用透明胶条进行修补，不可采用黄色或有印刷公司标志的胶带进行修复

2 散落商品，调整、组合新的包装箱，将不够一个销售单位的个品聚集到一起，将单个商品按原包装进行排列，用热封塑机进行封包

3 复合包装损坏的商品，重新用热塑机进行修复，不能使用胶带捆绑修复

图3-16　商品及时修复方法

店员在将破包商品修复后，一定要检查原条码是否完好，并将店内码粘贴在修复后的商品上。

3. 临近保质期的商品处理

临近保质期的商品，是指快到保质期但还未过保质期的商品。为了确保顾客的利益、减少企业的损耗，便利店应定期清理临近保质期的商品，并尽快处理。

（1）控制方法

便利店对货架上每件商品的保质期都必须严格把关，对于图3-17所

示的3种类型的商品要重点检查。

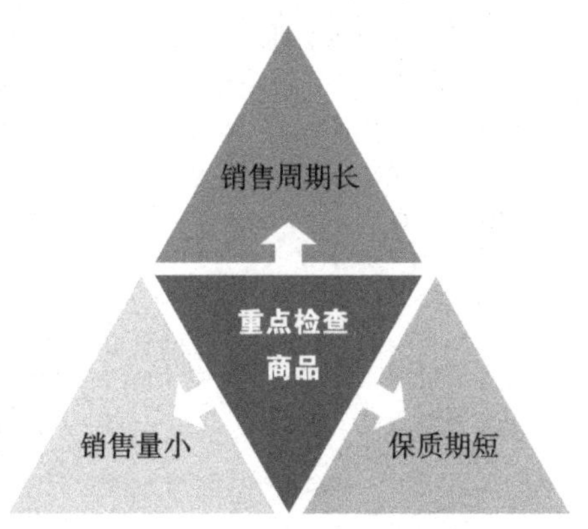

图3-17　重点检查商品

（2）处理措施

便利店对临近保质期的商品，可以采取如图3-18所示的处理措施。

1 与采购部门或供应商联系，协商退货或换货。如果协商不成，可以改变陈列方式，进行促销

2 有些商品可根据情况进行降价处理

3 如果临近保质期的商品还没有售完，就应通知采购部门或供货商根据库存控制商品的订货

4 如果货架上的商品临近保质期，就暂时不让新货上货架陈列

图3-18　临近保质期商品的处理措施

4. 缺货商品处理

对便利店来说，商品缺货最直接的影响就是会导致营业额下降，慢慢也会致使顾客改变消费心理，从而导致门店的整体形象受损。因此，便利店相关人员应及时反映缺货情况，建议进行追货，对重点、主力商品应催促立即补进货源。当重点商品缺货时，对可替代的类似商品采取补货或促销等措施。

也可以采用临时处理方法，具体方法如图3-19所示。

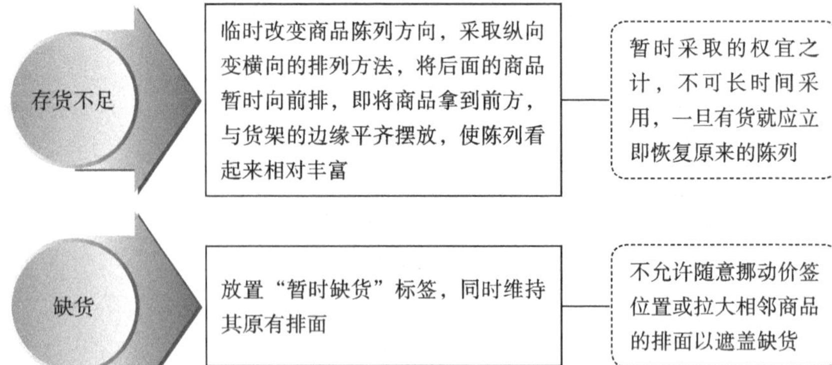

图3-19　缺货商品的临时处理方法

5. 商品报损处理

一般情形的报损商品，是指在销售过程中，因出现变质、过保质期、破碎、外包装破损（损坏、溢漏、严重变形）或部件缺损等品质问题，影响正常销售必须折价处理或废弃的商品。

便利店要制定商品报损的标准，因为报损就是把失去销售价值的商品进行报废处理，会影响企业效益，需要严格把握，具体如图3-20所示。

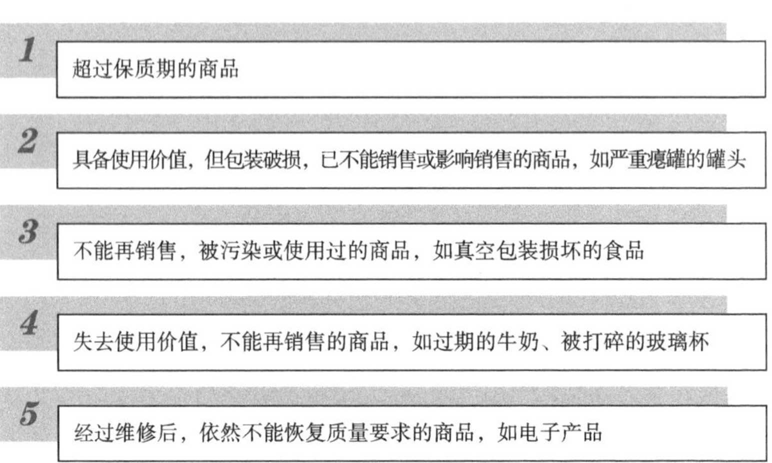

图3-20　商品报损标准

6.“孤儿商品”处理

“孤儿商品”是诞生于超市的内部名词，是指顾客已经挑选好但在柜台结账时，由于感觉价格不合适或其他原因未结账的这类商品的统称。

一般来说，图3-21所示的商品最易成为“孤儿商品”。

图3-21 易成为“孤儿商品”的类别

便利店及时处理滞留在收银台和卖场各区域的“孤儿商品”是提升顾客服务质量、增加销售业绩和控制商品损耗的有效举措。便利店应随时关注责任区域的零星散货问题，具体要求如图3-22所示。

1. 当发现本陈列区域有不属于本区域的商品时，将其从货架上收起，集中存放，并交给相关部门人员处理
2. 发现生鲜食品和冷冻食品的散货，在第一时间将其归还给相关人员或存放于正确的位置
3. 应经常关注“孤儿商品”区，及时取回应属本区域的商品，零星散货必须当日回归其本来的陈列位置
4. 生鲜部门应每日安排处理散货的当值人员

图3-22 “孤儿商品”的处理方法

六、新商品引进管理

新商品的引进是便利店经营活力的重要体现，是保持和强化便利店

经营特色的重要手段，是便利店创造和引导消费需求的重要保证，是便利店商品结构优化和寻找新的经营增长点的重要方法，也是便利店商品采购管理的重要内容。

1. 新商品的概念

市场营销学的观念认为，产品是一个整体概念，包括3个层次，具体如图3-23所示。

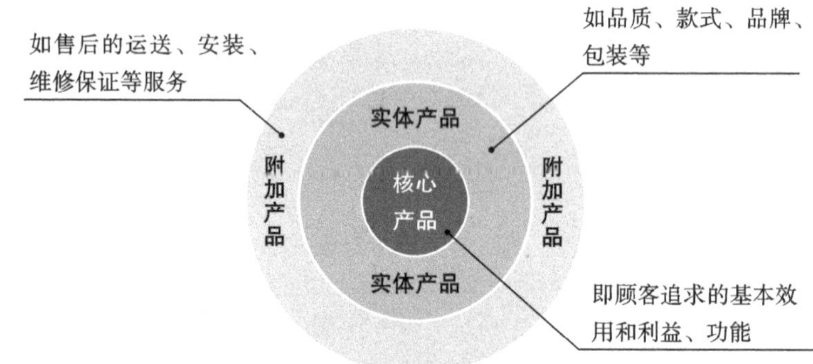

图3-23　产品的3个层次

只要是产品整体概念中任何一个层次的创新、变革与调整，都可称之为新商品。不仅新发明创造的产品是新商品，改进型产品、新品牌产品、新包装产品也都可称为新商品。当然，新商品的核心就是整体产品概念中的核心产品，即能给消费者带来新的效用和利益的那部分内容，它也是超市采购人员在引进新商品时必须优先考虑的因素。

2. 新商品引进的组织与控制

在便利店中，新商品引进的决策工作由便利店负责商品采购的老板或店长做出，具体引进的操作由相关采购人员负责。新商品引进的控制管理关键是建立一系列事前、事中和事后的控制标准。

（1）事前控制标准

采购人员应在对新引进商品的市场销售前景进行分析、预测的基础上，确定该新引进商品能给门店带来的既定利益，这个既定利益可参照目前门店从经营同一类畅销商品所获得的利益或新品所替代淘汰商品获得的利益，如规定新引进商品在进场试销的3个月内，销售额必须达到目

前同类畅销商品销售额的80%或至少不低于淘汰商品替代品的销售额，方可列入采购计划的商品目录。

（2）事中控制标准

店长在与供应商进行某种新商品采购业务的谈判过程中，应要求供应商提供该商品的详细、准确和真实的各种资料，提供该商品进入门店销售系统后的促销配合计划。

（3）事后控制标准

负责引进该新商品的采购人员，应根据新商品在引入门店试销期间的实际销售业绩（销售额、毛利率、价格竞争力、配送服务水平、送货保证、促销配合等）对其进行评估，评估结果优良的新商品可正式进入销售系统，否则中断试销，不予引进。

管理妙招

便利店可根据经营需要，对全国各地的“名、特、优”新品实行跨地区采购，以便推动便利店商品结构不断更新，更好地体现便利店的经营特色，更大限度地满足消费者需要。

七、滞销商品淘汰管理

由于便利店空间和经营品种有限，所以便利店每导入一批新商品，就要相应地淘汰一批滞销商品，滞销商品可看作便利店经营的毒瘤，直接侵蚀便利店的经营效益。因此选择和淘汰滞销商品，成为便利店商品管理的一项重要内容。

1. 滞销品的选择标准

（1）销售额排行榜

店长根据本门店POS系统提供的销售信息资料，挑选若干排名靠后的商品作为淘汰对象，淘汰商品数大体上与引入新商品数相当。以销售排行榜为淘汰标准，店长在执行时要考虑如图3-24所示的两个因素，如果是这两个因素造成的滞销，店长对其淘汰时应持慎重态度。

图3-24 以销售排行榜为淘汰标准应考虑的因素

（2）最低销售量或最低销售额

门店对那些单价低、体积大的商品，可规定一个最低销售量或最低销售额，达不到这一标准的话即将其淘汰，否则会占用大量宝贵货架空间，影响整个卖场销售。实施这一标准时，应注意这些商品销售不佳是否与其布局及陈列位置不当有关。

（3）商品质量

门店应淘汰被技术监督部门或卫生部门宣布为不合格的商品。

对便利店来说，引进新商品容易，而淘汰滞销商品的阻力很大。为了保证便利店经营高效率，必须严格执行标准，将滞销商品淘汰。

2. 商品淘汰的作业程序

列出淘汰商品清单，交店长确认、审核、批准。

统计门店和仓库所有淘汰商品的库存量及总金额。

确定商品淘汰日期：便利店最好固定将每个月的某日为商品淘汰日，所有门店在这一天统一把淘汰商品撤出货架，等待处理。

淘汰商品的供应商货款抵扣：到财务处查询被淘汰商品的供应商是否有尚未支付的货款，如有，则做淘汰商品抵扣货款的会计处理，并将淘汰商品退给供应商。

将淘汰商品记录存档，以便查询，避免将淘汰商品再次引入。

3. 退货的处理方式

退货处理方式是淘汰滞销品的问题之一。传统的退货处理方式主要有图3-25所示的两种。

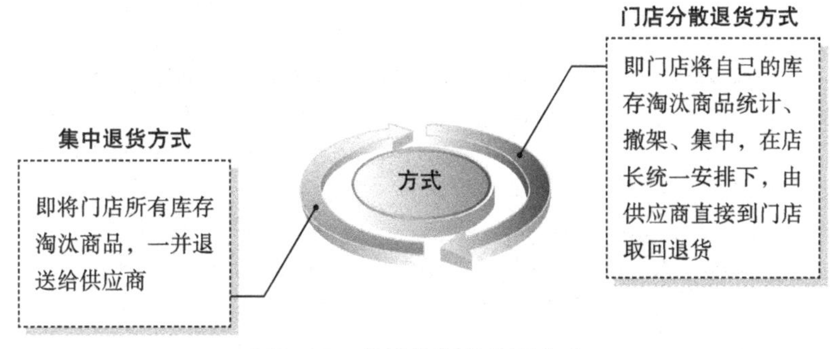

图3-25　传统的退货处理方式

为了降低退货过程中的无效物流成本，目前便利店通常采取的方法是在淘汰商品确定后，立即与供应商商谈2个月或3个月后的退货处理方案，争取达成一份“退货处理协议”，再按图3-26所示的两种方式处理退货。这种现代退货处理方式为非实际退货方式（即并没有实际将货退还给供应商），它除了具有大幅降低退货物流成本的优点之外，还为便利店促销活动增添了更丰富的内容。

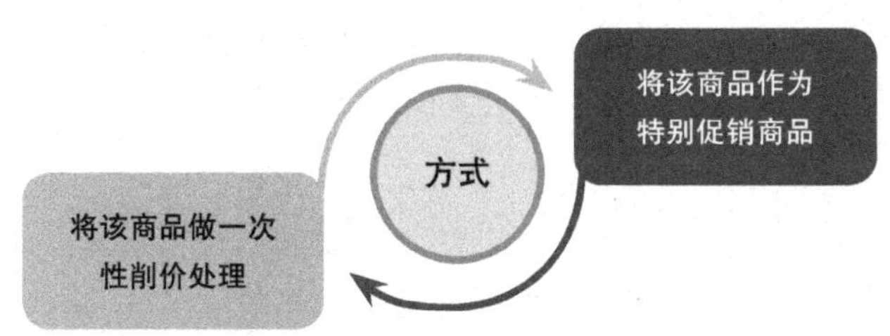

图3-26　非实际退货处理方式

4. 非实际退货方式注意事项

门店选择非实际退货方式还是实际退货方式的标准，是削价处理或特别促销的损失是否小于实际退货的物流成本。

门店采取非实际退货方式时，在签订的“退货处理协议”中，要合理确定门店和供应商对价格损失的分摊比例，门店切不可贪图蝇头小利而损害与广大供应商良好合作的企业形象和信誉。

保质期是消费者选择购买商品的重要因素，连锁商与供货商也可参照淘汰商品的非实际退货处理方式，签订一份长期“退货处理协议”，把即将到达或超过保质期的库存商品的削价处理或特别促销处理办法纳入门店日常管理轨道。

如果退货物流成本小于削价处理损失，在采取实际退货处理方式时，便利店要对门店退货撤架以及空置陈列货架的调整补充进行及时、统一安排，保证衔接过程的连续性。

八、月度盘点管理

1. 盘点的目的

为了更好地做好商品管理，掌握商品的订货、销售、废弃及偷盗情况，及时了解商品库存，降低经营成本、提高店铺利润，很多便利店会选择委托第三方盘点公司盘点，这样能保证盘点的准确性与公正性。

2. 盘点的时间选择

便利店在白天盘点，会影响顾客购物，因此最好的盘点时间还是在24：00以后，这段时间来客数少，更容易打造易盘点的环境，从而降低盘点的错误率。

3. 盘点前的准备

在开始盘点前，店长一定要提前组织大家做好准备工作，给盘点人员打造一个易盘点的环境，更好地提高盘点的效率和准确性。

（1）首先是库房的整理

便利店将各类商品摆好，不同口味的商品一定要区分开。盘点过程中店长要提醒盘点人员避免盘混。

（2）将纸箱里与外包装不符的商品区分开

在盘点过程中，整箱的商品一般盘点人员不会拆箱，会拿与纸箱外包装相同名称的单个商品扫一下，再录入内装数。而经常出现商品拆箱后，纸壳留着装其他商品，再封好箱子，但盘点人员并不知道，不同商

品不同价位会造成盘亏或盘盈。

（3）卖场货架上商品陈列的整理

盘点前货架上的商品一定要把排面拉整齐，商品不能混放。有时候便利店聘请盘点公司的人员进行盘点，但是这些人大多没有干过零售行业，对商品并不熟悉。相同品类的商品有不同口味，但从外包装看非常相似，非专业人员很难区分开，所以经常会出现盘混现象。

（4）兑奖的瓶盖

经常会有商品瓶盖上出现“再来一瓶”的情况，店铺把商品兑换给顾客后会留下瓶盖，由总部统一给店铺兑换商品。可店铺往往在盘点前并没有将商品兑换给顾客，而盘点人员又常按照瓶盖的个数录入，因此总是盘亏。

4. 盘点过程中

在盘点中，店长主要做的事情是商品数据采集和录入工作，在这个过程中一定要杜绝数据重复录入、数据遗漏、数据输入错误等情况发生，盘点完一个货架后要再次确认数据是否100%采集完成。图3-27所示的是使用盘点表要注意的细节事项。

1 盘点顺序，先库存后卖场（库房可以在营业中进行，盘点完贴上明显标识，禁止将库房已经盘点的商品拿到卖场）

2 采用从上至下，以S形盘点的方法完成每节货架的盘点

3 初盘时：已盘点商品不得随便移动，以便复盘，书写正确，责任人签字

4 复盘时：检查初盘是否有遗漏商品和区域，注意不要按初盘数字进行复盘，出现不一致时以复盘数据为准

5 数据录入时：将不同货架的盘点表，按顺序排好，逐条录入，一个人读数，一个人录入

图3-27　使用盘点表需注意的细节事项

在盘点过程中，便利店一定要确认每个货架盘点公司都给盘上。盘点后经常因为盘亏过大才发现漏盘整个货架，再重新联系盘点公司盘

点，这给双方造成很大麻烦。

5. 盘点结束后

盘点后店长主要做的事情是盘点数据汇总和盘点差异查找的工作，在生成盘点差异报表前一定要确定所有需要盘点的商品数据全部上传，所有的单据已处理完成。

盘点差异查找注意的细节事项，如图3-28所示。

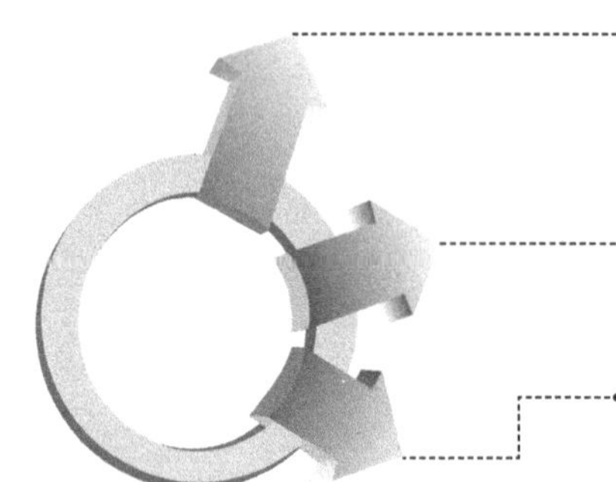

查找盘点差异前，要初步分析差异产生的原因，如商品销售错误、单据验收错误、配送调拨错误等

对已确认的差异处理要及时纠正，并表明造成差异的原因

每次盘点结束后都要做一个全面的盘点总结

图3-28　盘点差异查找注意的细节事项

盘点结束后便利店一定要实物抽盘，仔细抽查单品盘点结果与实际库存是否一致。哪怕盘点公司只让抽盘某个分类或者规定的数量，盘点结束后会留下盘点库存表，盘点人员也要认真核对与实际库存是否相符，不符的及时联系盘点公司更改库存，避免盘亏与盘盈。

管理妙招

经营便利店的目的是盈利、获取更多的利润。人工、废弃、盘亏是便利店费用中最重要的三大费用，也是店铺最需要重点管控的三大费用，这三项费用管控得好坏能看出这家店铺运营水平的高低，从而体现店长经营管理的能力。

九、月度数据分析

每月定期进行科学的数据分析是店长掌握便利店经营方面的数据的重要手段。

1. 便利店经营指标数据分析

便利店经营指标数据分析的项目与内容见表3-9。

表3-9 便利店经营指标数据分析的项目与内容

序号	分析项目	分析内容
1	销售指标分析	主要分析本月销售情况、本月销售指标完成情况、与去年同期的对比情况。通过这组数据的分析可以知道同比销售趋势、实际销售与计划的差距
2	销售毛利分析	主要分析本月毛利率、毛利额的情况，与去年同期的对比情况。通过这组数据的分析可以知道同比毛利状况，以及是否在商品毛利方面存在不足
3	营运可控费用分析	主要是本月各项费用明细分析、与去年同期对比情况、有无节约控制成本费用。这里的各项费用是指员工成本、能耗、物料及办公用品费用、维修费用、存货损耗、日常营运费用（包括电话费、交通费、垃圾费等），通过这组数据的分析可以清楚地知道便利店营运可控费用的列支，是否有同比异常的费用发生，是否有可以节约的费用空间
4	坪效	主要是本月坪效情况、与去年同期对比情况。“日均坪效”是指“日均单位面积销售额”，即日均销售金额÷便利店营业面积
5	人均劳效	主要是本月人均劳效情况、与去年同期对比。“本月人均劳效”计算方法：本月销售金额÷本月工资人数
6	盘点损耗率分析	主要是便利店盘点结果的简要分析，通过分析及时发现便利店在商品进、销、存各个环节存在的问题
7	便利店商品库存分析	主要是本月平均商品库存、周转天数，与去年同期对比分析。通过该组数据的分析可以看出便利店库存是否出现异常，特别是有无库存积压现象

2. 商品经营数据分析

商品经营数据分析的项目与内容见表3-10。

表3-10 商品经营数据分析的项目与内容

序号	分析项目	分析内容
1	经营商品目录执行情况总结分析	主要分析本店执行商品目录情况与经营业态助理商品情况及新品引进情况，淘汰商品是否及时清退等。便利店营运管理部门每月定期将最新的助理商品货号、新引进商品货号、淘汰商品货号的目录发至各便利店，便利店根据相关货号查询经营情况以及有没有及时清退淘汰商品。通过这组数据的分析可以了解便利店是否按照商品目录调整了便利店的商品结构
2	商品的动销率分析	主要是进行本月商品动销品种统计、动销率分析以及上月对比情况的分析。商品动销率=动销品种÷便利店经营总品种数×100%，滞销品种数=便利店经营总品种数－动销品种数。通过此组数据及具体单品的分析，便利店可以看出在商品经营中存在的问题及待挖掘的潜力
3	商品品类分析	主要包括便利店本月各类销售比重及与去年同期对比情况、便利店本月各品类毛利比重及与去年同期对比情况。便利店需对本月所有品类销售及毛利情况，特别是所有销售下降及毛利下降的品类进行全面分析，并通过分析找出差距，同时提出改进方案
4	本月商品引进分析	主要是引进商品产生销售、毛利的分析。这里需要便利店日常对新引进商品建档并跟踪分析引进商品的动销率、销售额以及毛利状况，同时分析这些引进商品是否对便利店销售业绩的提升做了贡献、是否有引进不对路的商品，并在以后的工作中不断优化调整
5	特价商品业绩评估	主要是特价商品品种数的执行情况、特价商品销售情况、占比情况及与前期销售对比情况分析。“特价商品与前期销售对比分析”即将本档期特价商品的销售情况与特价执行前相同天数的销售情况进行对比分析。通过以上这组数据的分析可以看出便利店特价产生的效果以及便利店在特价商品经营中存在的问题
6	客流量、客单价分析	主要指本月平均每天的人流量、客单价情况与去年同期对比情况。这组数据在分析便利店客流量、客单价时特别要注重便利店开始促销活动期间及促销活动前的对比分析，促销活动的开展是否对提高便利店客流量、客单价起到了一定的作用。其实在日常工作中还有一些数据需要便利店负责人分析，但无论哪方面的数据分析都只是一个开始，关键是要能够找出便利店存在的问题及可以挖掘的潜力，指导如何开展下一步的工作

第四章

季度工作安排

季度工作的安排，属于宏观性的。对于店长而言，季度工作的重点应放在便利店的营销管理方面。营销是便利店赢得顾客、拓展市场的一个必要的经营行为。根据便利店不同时期的经营特点，店长可采取不同的营销手段。

一、微信公众号营销

目前很多便利店开通了自己的微信公众号，多数商家越来越清醒地认识到微信用户基数的庞大，需要足够重视客户的需求，应对客户沟通和服务中的瓶颈。

1. 微信公众号的分类

微信公众号分为公众平台服务号和公众平台订阅号。公众平台服务号旨在为用户提供服务；公众平台订阅号，旨在为用户提供信息。订阅号与服务号各有优劣，具体见表4-1。

表4-1　订阅号与服务号的优劣

序号	账号类型	优势	劣势
1	订阅号	（1）可以每天推送消息 （2）保持较高的曝光率 （3）用户无须到店也能及时获得优惠	（1）消息被并入二级菜单，打开率低 （2）需要专人长期进行维护 （3）顾客需要回复关键词才能互动
2	服务号	（1）顾客能直接收到消息提醒 （2）顾客可以通过底部自定义菜单直接找到优惠信息 （3）方便顾客使用 （4）使用服务号的都是大企业，有利于树立品牌形象	每月只能发送1条信息

如果便利店只是想宣传、发送产品信息，可以选择订阅号；如果想销售商品，可申请服务号。

相关链接

服务号与订阅号的区别

服务号给企业和组织提供更强大的业务服务与用户管理能力，帮助企业快速建立全新的公众号服务平台。订阅号为媒体和个人提供一种新的信息传播方式，构建与读者沟通及管理的模式。两者的区别如下。

1．适用的人群不同

服务号适用于媒体、企业、政府或其他组织；订阅号适用于个人、媒体、企业、政府或其他组织。

2．群发消息的不同

服务号1个月（自然月）内仅可以发送4条群发消息；每天（24小时内）可以发送1条群发消息。

3．“高级功能”的不同

服务号的“高级功能”比订阅号的“高级功能”多一项自定义菜单功能，这个功能可以丰富会话窗口，提升用户的体验。

4．“服务中心”功能的不同

服务号和订阅号的“服务中心”都有“基础接口”“微信认证”这两项功能，但服务号比订阅号多了“自定义菜单”“高级接口”这两项功能。

5．“我的服务”功能的不同

服务号的“我的服务”有“基础接口”和“自定义菜单”两项功能，可根据需要自定义相关菜单；订阅号“我的服务”中只有“基础接口”一项功能，只能用来设置消息。

6．“统计”功能不同

服务号的“统计”有4项功能，前3项和订阅号是一样的，操作和功能也是一样的。只有第四项接口分析是服务号特有的，订阅号是没有的。

2. 微信公众号的功能

微信公众号是一个管理用户关系的绝佳平台，这个平台植根于微信平台的流程简单、易操作，相应地降低了便利店的普及、推广难度，而且在沟通、互动、服务、搜集用户信息和客户关系管理方面有不可比拟的优势。具体如图4-1所示。

1 微信二维码扫描或搜索微信号，一键关注获取粉丝

2 永久聚拢用户，可以对用户进行精细化分类管理，具有简约的用户关系管理系统

3 企业产品或服务多媒体展示，是其他广告形式的外延与拓展，是用户信息收集、售后服务、沟通的新渠道

4 自身产品、服务等促销信息，以多媒体形式一键群发，直达用户手机端，可以促进销售

5 免费群发，节省短信费用

6 多种形式的互动营销工具，增强营销的趣味性与用户黏性，提升品牌影响力

7 内置多种功能插件，如查询天气、快递等，还有各种小游戏，让自身品牌深入人心

图4-1　微信公众号的功能

3. 微信公众号的运营

现在微信营销已经成为很多企业重要的推广渠道，但部分企业的公众号没有专人负责运营，导致微信公众号成为一个摆设。那么，微信公众号如何运营呢？具体方法如图4-2所示。

图4-2 微信公众号的运营方法

（1）定位

公众号定位其实就像做产品定位一样，需要考虑如图4-3所示的几点。

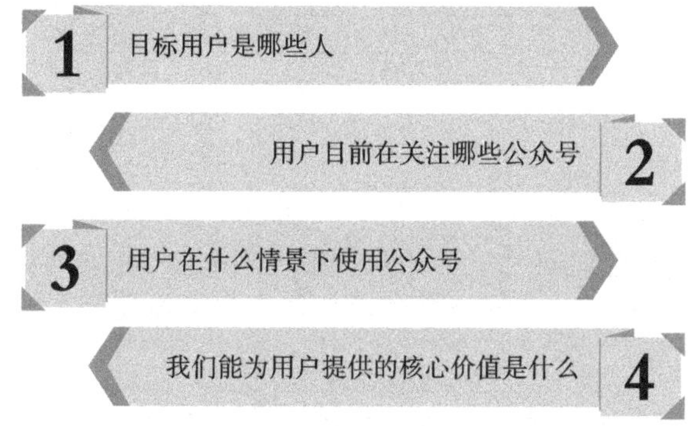

图4-3 微信公众号定位需考虑的要点

（2）认证

我相信很多运营过公众号的人知道，为什么需要申请公众号认证？原因如图4-4所示。

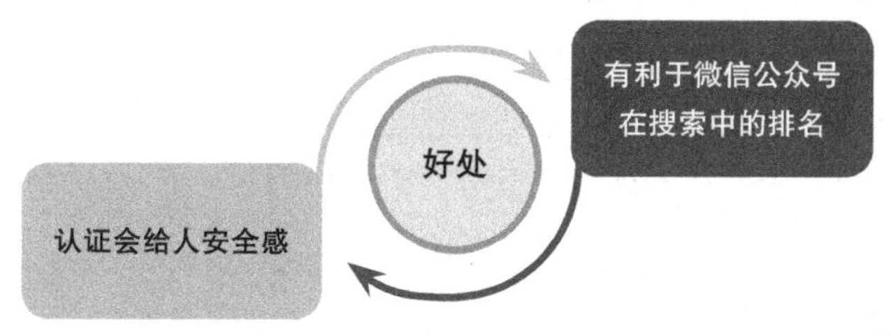

图4-4 微信公众号认证的好处

（3）编辑

一个公众号内容的呈现有4种形式，具体如图4-5所示。

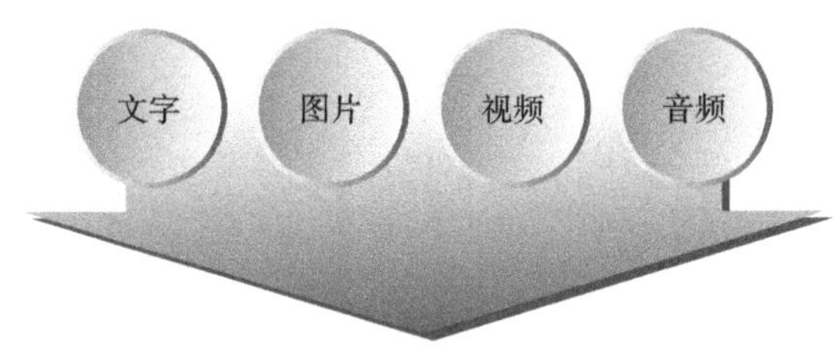

图4-5　微信公众号内容的呈现形式

在这个竞争激烈的时代，什么才是微信推广制胜的法宝？答案始终是经久不衰的“内容为王”理论，它是公众号茁壮发展的根基。由于微信是一个相对封闭的传播平台，我们的内容只能依靠用户的转发进行传播，所以内容优秀是微信公众号传播的根本动力，好内容才有阅读、有转发。那么，如何才能编辑出好的内容呢？可遵循图4-6所示的原则。

1. 见解独到，填补大众的认知空白或有不明觉厉的观点
2. 被用户认定是第一时间发布的消息
3. 内容没有水分、没有废话
4. 所编辑的内容与公众号的核心价值观相符
5. 标题要让人眼前一亮，排版美观，并不断更新形式
6. 封面配图要切题，要和标题一样具有诱惑性
7. 文中配图要与内容相搭配，最好不加水印，方便用户保存与使用

图4-6　微信公众号内容编辑应遵循的原则

（4）推送

现在很多用户会订号，推送的信息如果太多根本看不过来。因此，企业在推送信息时，要关注图4-7所示的几点。

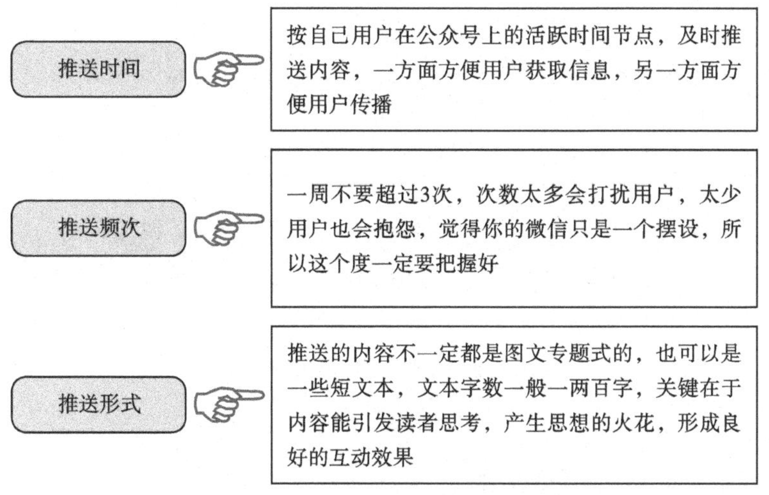

图4-7　微信公众号推送信息时的注意要点

（5）推广

推广直接影响公众号的粉丝量、传播情况。因此，便利店可以针对自己运营的公众号，做不同推广途径的测试，最终找到属于自己的最佳推广途径。

便利店公众号如何推广运营

在当下互联网发展之际，网上商城才是宅男宅女的购物天堂，合理地运用线上的营销方法提高店里的营业额至关重要。微信公众号不仅可以推送消息，还可以用公众号开发微商城、销售商品，用户可以直接在微信上选购，在线下单、支付。图4-8所示为美宜佳网上商城界面。

图4–8　美宜佳网上商城界面

那么，一个便利店的公众号应该怎么推广、运营呢？分享以下6点细节。

1．关注公众号享双重优惠

便利店可在收银台立一个告示牌，提示关注本店的微信并注册会员即可减免多少钱；还可设置一些赠品，当然，赠送的商品要实用，如纸巾、杯子等小礼品。

减免费用和赠送商品双重优惠可以直接刺激客户消费，吸引客户关注公众号，关注并且注册会员才能享受优惠，限定只能使用手机号注册会员，避免客户不断关注、取消，重复享受优惠，还可以充分地@来店里消费的客户，有效防止客户流失。

2．在配送小区范围内，贴上二维码

便利店要想自己的公众号有更多粉丝，制作精美的二维码贴纸是必不可少的。二维码贴纸规格最好有两种，一种较大的可以贴在电梯口，别人无聊等电梯时可以扫一下；还有一种小的可贴在每家的门口旁，选好位置，如在开门时能看到的位置最佳。

便利店制作二维码贴纸时要突出关键优势，如24小时营业、免配送费、首单可减免多少钱等。就算客户看到了没有立马扫描关注，当有一天亟须买东西，不想或者不方便出去的话，知道有这样一个便利店可以在线购买，可能就会开门扫描一下，在线购物。

3．商品做好分类，设置搜索功能

便利店商品种类会比较多，因此要设置商品分类，如图4-9所示。此外要设置搜索功能，可以让客户直接找到想要购买的东西，避免客户花很长时间或者翻好几页都找不到。

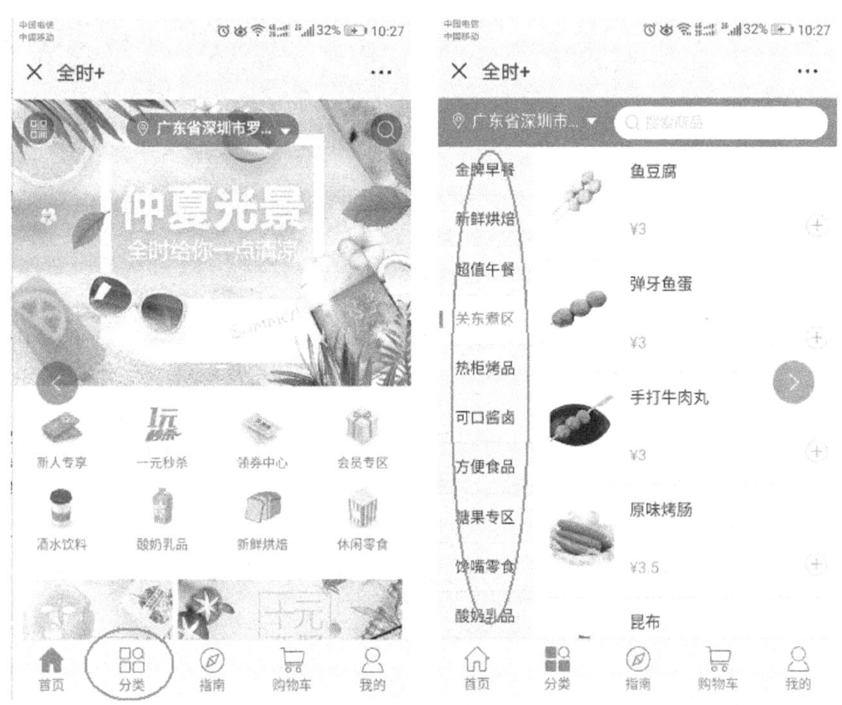

图4-9　设置商品分类实例

4．支持多种不同的支付方式

客户在微信下单后，可以选择多种不同的支付方式，如银行卡转账、微信转账或者现金付款。对于那些不会操作银行卡在线转账或者微信中没有足够的钱支付的客户来说，货到付款是他们的首选方法。支持货到付款，也可以提高客户的信任度。

5．充分发挥会员卡功能

公众号拥有一定的会员数量，并且每个会员在下单消费后会产生相应的积分，因为商家可以利用积分优惠政策刺激客户产生后续购买行为。图4-10所示为会员卡功能实例界面。

图4-10　会员卡功能实例界面

积分可以设置3种促销方式：一是在后台设置积分可以用来抵消现金，如可以设定100积分抵1元钱，但不支持折现，只支持在上面购物抵消一部分金额；二是积分抽奖，如100积分可以抽一次奖，有可能什么也没抽中，也有可能抽到较大价值的奖品；三是积分兑换礼品，如1000积分可以换一小箱牛奶等。

6．与小区及相关物业管理处合作，发布相关宣传信息

一般小区或者写字楼会设定专区发布相关通告，有些比较人性化的管理处还会征求居民的意见。因此，商家可以和管理处合作，帮助他们在线上发布通告，这无疑是在帮他们分担工作，管理处的人员一定很乐意通知在发布的第一时间就受到关注。

还有一种情况，如果是社区或者物业做活动或征集意见，管理处的每张线下告示都可以放上店里的二维码，居民扫描进入页面后就可以报名或者投票，这样不但便于整理、统计，还可以减少管理处人员的工作量，公众号也可以获得大量的粉丝，实现双赢。

4. 微信公众号的推广策略

便利店要想利用微信吸收更多的粉丝，可以采取线上与线下结合的方法进行，尽量争取更多的粉丝，并努力将他们发展成自己的客户。

（1）线下推广

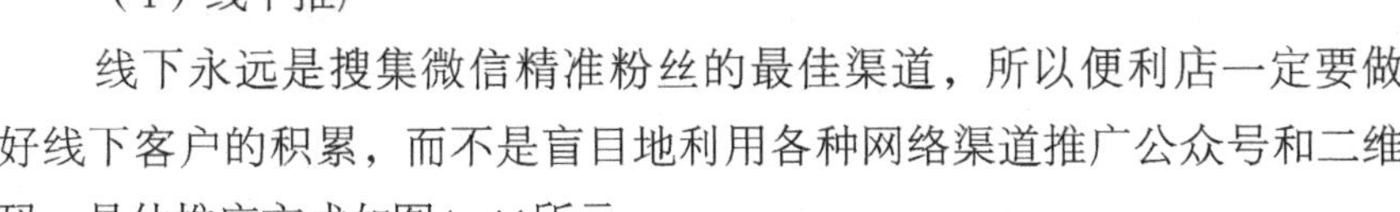

线下永远是搜集微信精准粉丝的最佳渠道，所以便利店一定要做好线下客户的积累，而不是盲目地利用各种网络渠道推广公众号和二维码。具体推广方式如图4-11所示。

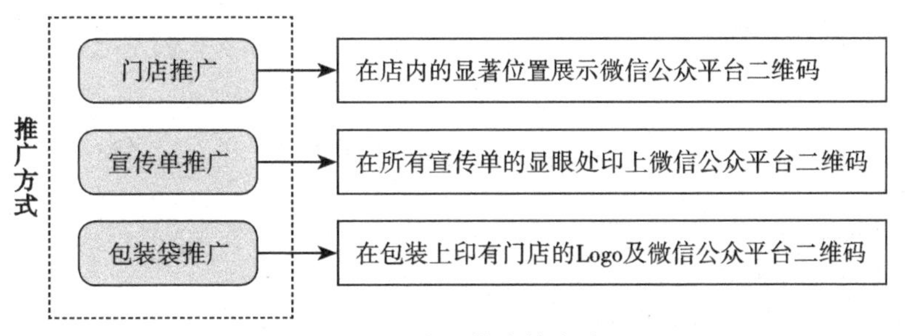

图4-11　线下推广的方式

便利店在完成最初的粉丝积累后，通过对微信的日常维护，可以将优惠信息推送给顾客，刺激顾客二次消费；也可以通过微信和粉丝互动，提升顾客的活跃度；或者通过软性的营销手段创作美文，塑造企业的品牌形象，提升品牌在顾客心中的形象。

店长要知道，微信营销的本质不在客户数量而在客户质量，只要有精准的粉丝，就算粉丝只有几百人，也能把粉丝非常有效地转化成购买者。

（2）线上推广

便利店在进行微信公众号的线上推广时，可以采取如图4-12所示的方式。

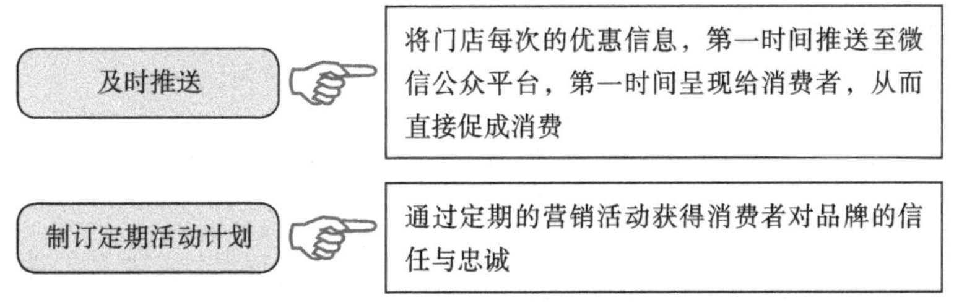

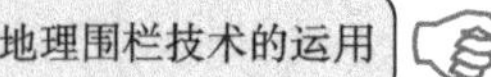

地理围栏技术的运用	门店可以通过微信平台的"附近"功能，快速引导消费者到门店消费，还可以使消费者快速找到商家位置，避免消费者流失
客服积极互动	基于微信平台庞大的客户数，门店微信公众平台可以为消费者提供有效的客户咨询、引导和解答服务，方便消费者及时、快速地了解商家信息

图4-12　线上推广方式

二、微信小程序营销

与线下门店相比，小程序便捷的入口无疑"拯救"了零售业高成本的"获客"难题，而便利店微信小程序的出现为便利店开拓了一个新的引流入口。

1. 小程序的功能

小程序可以整合附近的小程序、扫一扫、卡包、微信支付、社交分享等功能，可以打造集会员识别、自助买单、数据沉淀、精准营销、服务提醒为一体的小程序零售模式，帮助商家更快地打通会员、门店、营销和电商，同时提升商业效率和顾客体验。

以传统零售超市华冠超市为例，其通过微信自助买单小程序，实现了首日75%用户使用微信支付，次日微信支付交易笔数增长超90%，自助款台收银量更是普通款台的3倍，微信支付渗透率超33%，华冠超市会员的购买力更上涨了129%。

小程序与新零售场景的连接

在当前的零售行业，80后、90后从买卖的生力军变为主力军，这部分

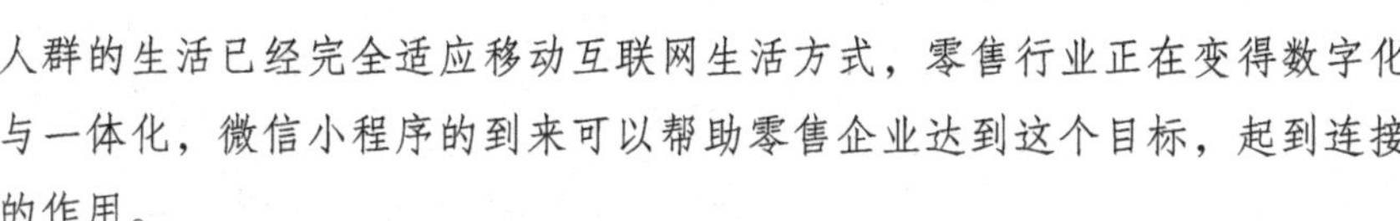

人群的生活已经完全适应移动互联网生活方式，零售行业正在变得数字化与一体化，微信小程序的到来可以帮助零售企业达到这个目标，起到连接的作用。

小程序能更好地帮助门店与用户互动，以前是门店拥有一个公众号，用户通过推送的文章了解门店活动，现在用户通过小程序可以直接扫码领优惠券，然后在线上购买，在小程序领取优惠券之后也可以去其他门店使用这个优惠券。

微信公开的数据显示，所有尝试过小程序的商户，收银效率基本上提升了50%，也就是小程序为线下门店节省了50%的人力，它通过贴近场景，给了用户更好的到店体验。

小程序基于定位功能已与附近线下3千米的门店打通，用户在家只要打开微信就可以发现附近的小程序。如果附近3千米有门店，可以到门店线下商城购买商品，还可以直接线上购买，这是小程序新零售一体化的体现，如图4-13所示。

在导流方面，每个小程序可以被500个公众账号关联，对线下门店来说，过去几年在微信公众号积累的用户资产都可以集中在小程序上。

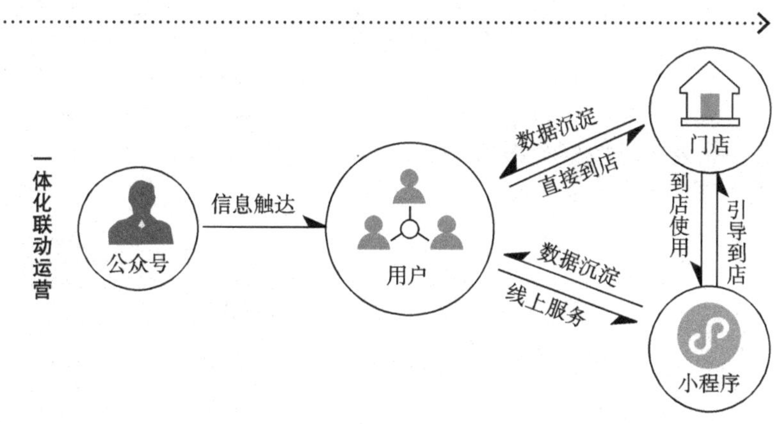

图4-13　小程序与新零售一体化

2. 小程序的运营

便利店需要根据自身的业务需求、经营状况等选择合适的小程序种类，以便后续的业务发展。

小程序不仅有线上入口（社交分享、搜索等），还有线下入口（扫

码）等，线上和线下的结合才是最佳办法。便利店可以在门店设置宣传牌，引导进店顾客扫码使用小程序，也可以通过优惠支持等方式鼓励已进入的消费者线上分享小程序。这样既可以留住一大部分消费者，也可以带动他们的朋友进入小程序。

如同企业的网站一样，小程序也需要定期优化，更新功能、上新产品、企业获得了重要奖项等，都可以在开发后台实时更新，以便消费者了解最新信息。另外，通过小程序会产生一些潜在的销售线索，商家也需要在第一时间实时跟进，不错过最佳时机。

3. 小程序的推广

商家拥有小程序只是基础，能玩转小程序才是关键。对商家来说，可采取以下措施推广门店的小程序。

（1）公众号关联小程序

小程序可以通过关联公众号展示介绍页、推送模板消息、自定义菜单栏入口、图文中插入小程序卡片、图文CPC广告、会话下发送的小程序卡片、小程序落地页广告等。图4-14所示为美宜佳的公众号关联小程序界面。

图4-14　美宜佳的公众号关联小程序界面

小程序关联公众号，可以无缝连接形成直接、高效的宣传方式，帮助小程序获取巨大流量，公众号主导线上，小程序发力线下，实现线上

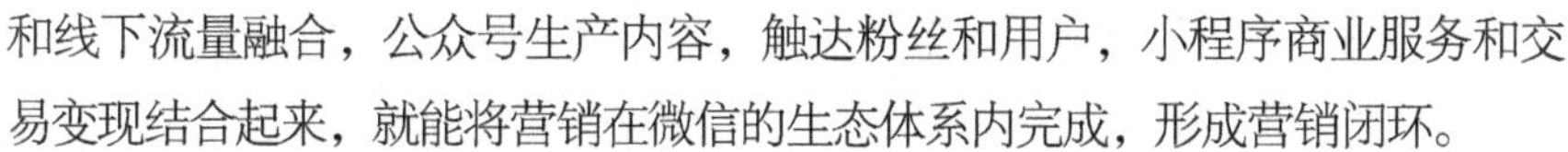

和线下流量融合，公众号生产内容，触达粉丝和用户，小程序商业服务和交易变现结合起来，就能将营销在微信的生态体系内完成，形成营销闭环。

（2）线下扫码

线下扫码是小程序最基础的获取方式之一，即用户熟知的二维码。用户通过微信扫描线下二维码，即可进入小程序。商家可以将二维码与营销活动相结合，吸引用户主动扫码。形成“码—小程序—支付”的模式，完美地连接线下的场景和线上的服务，符合快速消费即用即走的特性，提升线下服务效率。

（3）社群分享

社群分享主要有聊天小程序和群小程序两种，简单来说就是小程序能够以小程序卡片的形式出现在微信聊天界面，同时在聊天详情界面中，也能找到聊天小程序的入口，点击后就能看见你与好友、群成员在聊天里收到、发出的小程序卡片。

第一时间将商家优惠活动信息展现给用户，用户点击之后即可参与，实现快速获客。通过群内陌生好友之间的相互推荐，以及消费刺激，实现口碑营销，快速裂变。

开发者利用小程序群ID的功能，可以针对各个微信群的特色提供个性化的服务与内容。

（4）附近的小程序

微信小程序自带的地理位置信息，包括附近小程序列表以及分类、附近小程序列表广告。商家在后台开通“附近的小程序”功能后，附近5～10千米的顾客都能搜到商家设置的门店小程序，用户点击之后即可进入，附近的小程序实例界面如图4–15所示。

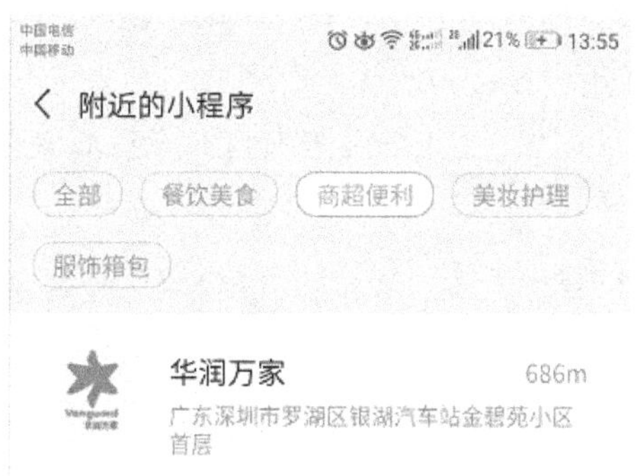

图4–15　附近的小程序实例界面

附近的小程序可以帮助商户快速、低门槛地在指定地点展示小程序，以便被周围的用户找到并使用，快速培养用户的使用习惯。“大场景+小场景”的组合，使小程序的服务场景更加细化，激活了线上与线下的碎片化流量，利于设置不同的服务类目和状态信息，提高小程序的曝光度，吸引用户快速消费。但是需要注意的是，一个公众号只能设置1个门店小程序和10个地点，服务号每个月可修改3次，一共可添加5个服务类目。

（5）社交立减金

社交立减金指的是用户在小程序完成支付后，商家可向用户赠送购物“立减金”，用户必须分享给好友才能领取，而好友领取之后可直接进行新一轮消费。

用户在门店消费后，商家就能给用户推送模板消息领取立减金，实现以老带新，通过好友分享快速实现裂变，降低拉新成本。商家可根据不同用户标签属性，配置分发不同金额的立减金，如新老用户、是否会员等。同时，也可根据用户喜好，向其推荐个性化的商品，提高客户转化率，这种直达的小程序服务能够促进消费，使用户收到立减金后可以快速行动，实现交易。

（6）消息通知（服务通知）

当用户完成支付或提交表单时，小程序就能给用户推送服务消息，每条通知以卡片的形式呈现，包括小程序的Logo、名称、通知时间、通知内容等信息。

用户在接收消息后，查看消息的通知就能便捷地回到小程序，进行相应的业务处理、信息查看等后续操作，这在一定程度上提升了用户的活跃度，并且可以引导用户进行下一步操作，提高了产品的曝光率，便于用户留存、增强用户黏性。模板消息可以直接在微信聊天框中查看，符合用户处理消息的习惯，使用户更加便捷地掌握商家服务。

（7）微信搜索

和大多数App的搜索个性一样，用户搜索小程序名称就能进入小程序界面。目前的搜索途径有聊天顶部搜索框、“发现”栏小程序入口中的搜索框、“添加好友”的搜索框、“搜一搜”页面等。

小程序在微信体系内的搜索机制是基于关键词来搜索的，商家可以根据品牌词、竞品词、产品词、人群词以及用户在小程序的使用习惯数据，对小程序关键词进行优化，提升小程序的搜索排名和曝光度。

据调查，小程序的排名规则如图4-16所示。

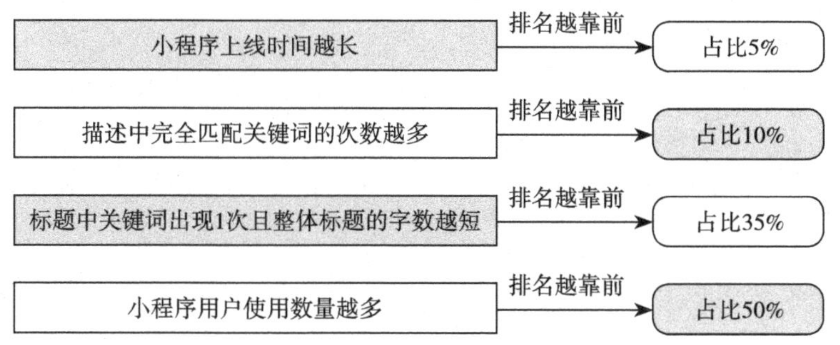

图4-16　小程序的排名规则

（8）小程序互跳

同一公众号关联的10个主体小程序和3个非同主体小程序可以相互跳转。小程序跳转的形式多样，可以是图片、文字、二维码等。有利于商家形成小程序矩阵，为用户提供更加全面、流畅、便捷的服务，提升转化率，小程序的各个页面信息都可以作为广告进行出售（如Banner、页眉及页脚版块等），同时不同的商家之间达成异业联盟，这对推广来说，无疑又是一个巨大的宝藏。

（9）线上识别二维码

2017年4月，微信官方正式上线小程序码，并支持用户长按进入小程序。与二维码相比，小程序码的容错率更高、识别性更高、安全性更高，而且更个性化。对小程序线上推广而言，长按识别二维码的功能出现后，小程序的想象空间扩大。微信好友、群、公众号图文、朋友圈发送小程序，全都可以正常启动小程序。特别是朋友圈的分享，开发者结合用户需求，生成带小程序二维码的海报，让用户将海报分享在朋友圈，也可以让朋友圈给小程序导流。

（10）小程序朋友圈广告

用户点击朋友圈中的小程序广告可直接进入小程序页面，浏览后可

直接分享至好友和各种群聊。朋友圈支持投放小程序广告的功能还在灰度测试中，后续还会有进一步的开放。

小程序朋友圈广告，对于线下商家是个利好消息，能够很好地将线上用户引流到线下，形成完整的消费闭环。若无消费场景，对于品牌传播效果也是显著的。但是这个推广渠道的费用相对来说比较高，适合品牌商家和O2O本地化商家使用。

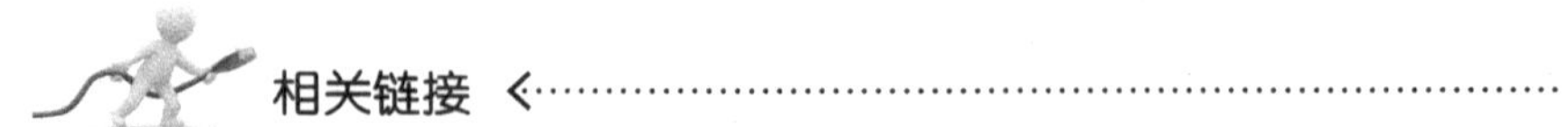

相关链接

美宜佳小程序，2个月招募66万名会员

你有没有想过，把进店顾客无感、无负担地变成自己的会员？

这个在传统行业里几乎无法完成的任务，美宜佳却用了一款小程序轻松完成了。2017年12月1日，美宜佳上线了小程序，仅2个月，就招募了66万名会员，15天获得超过20万名会员。

通常情况下，连锁门店推出优惠模式就如同在淘宝卖货一样，有优惠券了，就有顾客过来；没有优惠券了，顾客就离开了。

不仅如此，门店还有一个很大的弊端，即顾客领取优惠券后，商家既无法知道用户是谁，又无法了解他是否使用过优惠券，更无法知道他喜欢什么商品……所以，每次优惠活动结束后，无数商家反问自己，优惠活动真的有用吗？

针对这个问题，美宜佳会员中心有不同的做法，他们希望把优惠和会员结合在一起，用优惠触达顾客，再把顾客转化为会员。

一、选择小程序

小程序的即点即用、无须下载是用来招募会员最好的工具，微信也为小程序提供了足够丰富的能力，可以让企业做出丰富的产品形式和内容。基于此，美宜佳上线了主打“让利、优惠”的“美宜佳优惠券”小程序，如图4-17所示。这样，用户主动触达、分享的意愿提高了数倍。

图4–17　美宜佳上线的小程序界面

在领取优惠券前，小程序向用户发送获取基本信息的请求，用户授权后，无须填写复杂信息，自动成为美宜佳会员，也就是说，会员注册和领取优惠券是同步而不可分割的。

小程序最吸引美宜佳的是，小程序里的所有优惠券都记录了精准的数据，不会再出现以前优惠券去向不明的现象了，核销率达到25%。在初期运营的15天里，美宜佳轻松拿下超过20万名注册会员。

二、打造会员权益

仅凭优惠难以留住用户，还应该做些什么？美宜佳决定重新设计会员权益，主要包括3个部分，即优惠券、便利（线下便利）和内容（突破门店局限）。

1．针对优惠券，打造“最强入口”，实现线下、线上会员联通连动

附近的小程序：通过附近的小程序，用户可以直接领取优惠券。

主攻线下用户，收银台桌贴、海报、宣传单：凡是门店可以触达用户的地方，都有明显标识。

公众号与微信支付：公众号在固定周期推广门店优惠券，把公众号粉丝变成会员。针对没有领取优惠券的用户，引导其在使用微信支付后，进入小程序领取优惠券。

卡包、模板消息：如果说以上三步都在“拉新”的话，那么通过“卡包”跳转“小程序”的入口，可以让会员循环领取优惠券。还能用“模板消息”根据会员喜好，主动推送个性化优惠券，完成整个会员体系的运营

流转。

2．针对便利，上线“外卖小程序”

因受空间限制不能满足会员需求，美宜佳于2017年12月3日上线“外卖小程序”，打通美宜佳自有门店的配送能力，让会员通过外卖小程序，30分钟内收到外卖。图4-18所示为美宜佳的“外卖小程序”上线后的界面。

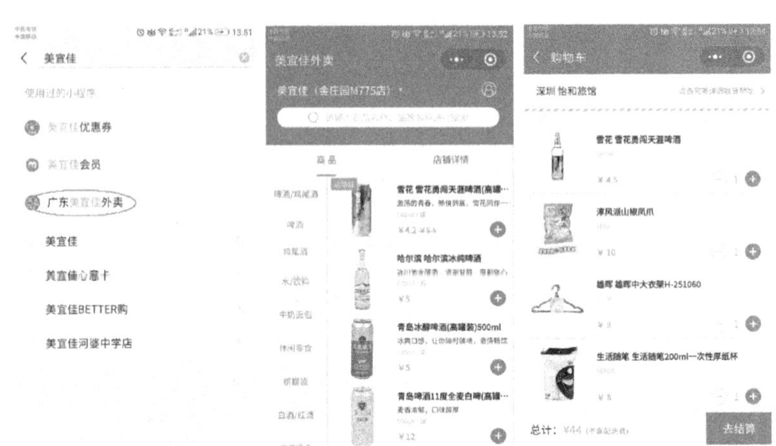

图4–18　美宜佳的“外卖小程序”上线后的界面

3．针对内容，用多入口、多形式向会员输出

公众号推文、小程序服务和产品都在最大可能地突破空间局限，精准连接会员。未来，美宜佳还计划用游戏的方式，设计会员领取优惠券到核销的过程。

美宜佳的用户主要来自3个渠道：公众号跳转小程序、线下扫码和小程序的模板消息。

公众号跳转小程序：目前，美宜佳的公号粉丝有1400万人。在美宜佳公号菜单栏里设置跳转小程序领取优惠券，领取率达到65%。

线下扫码：以前用户注册会员需要下载App或手工填写信息，现在只需要随手一扫，点击获权即可，整个过程只要1～2秒。

小程序的模板消息：提供给会员个性化的服务，主要通过模板消息完成。小程序里有会员每次领券、购物的详细数据，会员一旦完成微信支付，小程序在7天内就能向用户推送3次精准的优惠券。这样，美宜佳会员每周的消费频次增加到5次。

数据显示，美宜佳2017年12月的优惠核销金额超过2017年1～6月半年金额，零售价明显得到提升，酒类产品价格提升10倍。

未来，美宜佳会继续探索小程序流量，把平台开放给合作客户，最大化地成全消费者，为会员提供更好的体验和服务。

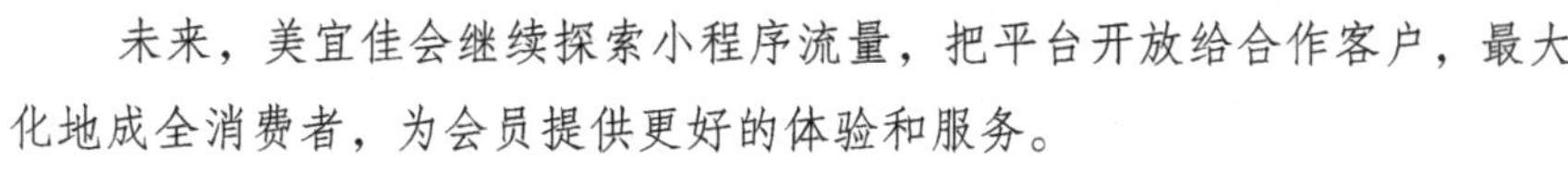

三、微信社群营销

从目前来看，以微信群为代表的社群越来越成为一种非常重要的非正式组织，正在产生越来越大的社会影响，正在对社会的营销产生越来越大的市场价值。

对便利店来说，拥有一群精准的粉丝非常关键，在便利店推出新品或者促销时能够第一时间快速传播给这群精准的粉丝，可以获得粉丝的二次传播，尤其是在商品获得忠实粉丝的认可后，他们会在群里主动帮便利店做宣传。

1. 建立微信群

第一步是确定谁来建群。建群的这个人最好是便利店的店长，因为店长的微信上会有一些现有客户的微信，群建立完成后首先要将这批老客户拉进群。

第二步是设定群名称。设立群名称时，要利用关键词营销的概念，站在粉丝的角度思考，如何才能在众多微信群里快速找到自己想要的这个便利店的群，建议格式：×××便利店微信粉丝福利群。很直接的关键词，让粉丝知道这个群是来自哪家便利店的，且明确这个群是一个“粉丝福利群”，并非广告群。

第三步是编写群公告。无规矩不成方圆，群公告的内容非常关键，直接影响粉丝的体验，但无论你是想要在粉丝入群后先给粉丝发福利，还是先立规矩，都建议在建群前先设定这个群公告的内容。另外，内容不要过多或过于复杂。

2. 寻找粉丝

建群后的第一批粉丝一定是你原本就有的忠实粉丝，他们对你的便利店有很高的认知度和认可度，是可以帮助便利店进行口碑传播的第一

批“建朝功臣”，一定要对他们认真对待。第一批粉丝进群后先发布群公告（相当于自我介绍），然后发一个红包表示欢迎进群、感激支持，同时让这群忠实粉丝将身边同样热爱美食的朋友拉进群，每个人身边的朋友都有和自己类似的爱好，所以他们身边的朋友也会是你的潜在客户。

做完第一步，就要真正启动线上与线下双管齐下的“拉粉策略”了。

3. 社群运营和维护

粉丝入了群，接下来如何运营和维护社群,留住这些粉丝并将粉丝转化成忠实粉丝呢?

一个好的社群营销人员，必须先足够了解你的社群粉丝，之后再开始着手运营。

相关链接

锁定社群营销，门店业绩翻番

因为不喜欢固定的上班模式，小童辞职后开了一家便利店。然而就是这么一个小店，也让她焦灼起来：看似距离社区人群最近，但是实际上生意惨淡，水电、租金、员工工资等，开支越来越不平衡，有入不敷出的感觉。不说盈利了，保本都很难。

人流多却少客，这是时下令众多便利店头大的难题。在这时，为了提升业绩，便利店往往采取优惠促销、充值返现等方式来引流，成本高不说，实际收益也并不可观。

在移动互联网时代，与时俱进，利用工具、产品为门店无形引流，让顾客主动找你，锁定周边客流，引爆销售。

支招一：社群锁住人流，拓展消费

为了改变坐等客来的困境，小童在朋友的建议下，在店铺立了一个二维码广告，所有首次使用微信支付的顾客不管多少钱都减5元。几天时间就吸引了很多居民来店内购买5元产品，因为相当于白给。

借此，她成立了一个小区社群，凡新加的好友都被拉到这个群里。

每周星期一小童都会在群里公布店内购买超过100元产品的送价值15元的临期产品（酸奶等临近过期的产品）。社群成立以后，门店内的去库存化明显增快，产品周转更加灵活了。周围居民去店内购买产品的人明显增多了，而且对面小区的人也来了。

支招二：送货上门，花样营销顾客

社群的玩法不止如此。近期因为新进了一批酸奶，小童就在群里开始团购，零售价60元的4瓶酸奶，便利店的团购价45元。虽然不挣钱，但购买的人非常多，大家都想品尝一下。群内成员开始疯狂团购，而且都是附近居民，也不用送货，下班时去门店取就可以，顺便购买了米、盐、酱油等日用品。

小小的便利店现在忙得不可开交，而且小童雇用了一位专门送货的人。因为有人在群里说，实在不想下楼取了，或者大家正在打麻将，需要啤酒、方便面、火腿肠等产品，在微信上一说，店内就马上派人送货上楼。

支招三：增值服务，让门店再便利一点

人们到小便利店采购就是图个便利，这是核心，可以开启一些让人觉得方便的业务。先让自己忙起来，做生意的人，别人可以闲得无聊，你可不能闲。

生意走向正轨之后，小童开始启动新项目：免费帮人代收快递，只需要加个微信就行。

事实证明这个方法让店内的客户倍增，不用绕远路去收发点取件，也不用担心物业下班取不了件，每天店内的客流不断，业绩不断增长，而且和顾客产生良好的亲和力。

支招四：服务创新，生活再便利一点

针对住在社区的家庭，可以在店铺开启一个小区域摆放一些日常家用的各种工具，开启租赁模式。如扳手、钳子、小型电动工具等，这些家用工具其实现在很多80后、90后没有，可以黏住更多客户。

四、App营销

为了突破发展的局限、拓宽营销渠道，越来越多的便利店及超市商家开始选择专业的开发团队定制开发专属的便利店/超市App，实现线上

结合线下的营销模式，提高营销份额。已有了App的商场超市，则要想办法玩转App。具体做法如图4-19所示。

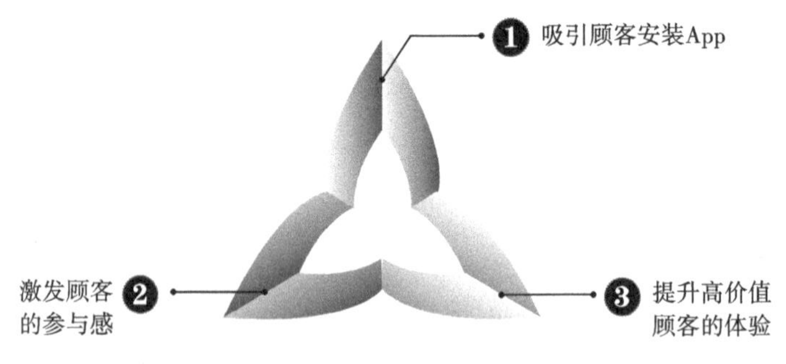

图4-19　玩转App的做法

1. 吸引顾客安装 App

吸引顾客安装App的办法有很多，可建立社交推广体系，加入“玩”的元素，可从顾客感兴趣的商品入手，可组织活动，可送神秘礼物等。

（1）建立社交推广体系

例如：便利店App含有推广功能，A顾客安装的便利店App可生成一个二维码，只要B顾客扫描A顾客的二维码下载安装App，A顾客就成为B顾客的推荐人，B顾客每次购物（过机扫描App）消费金额的5%返给A顾客，累计返利20元之后B顾客购物停止返利给推荐人。用可赚钱的App吸引顾客安装使用，顾客把二维码（推荐人编码）放入QQ空间、微信朋友圈，甚至名片等地方，发展朋友安装便利店App。对便利店而言，这样做能提升App安装量，加深对超市的印象，掌控会员社交数据。

（2）加入“玩”的元素

例如：可以做问答游戏，在便利店卖场或者货架上的广告条列一个有趣的问题，下载安装App，在App上回答正确可得奖券，奖券可到收银台换取神秘礼物，神秘礼物贵重与否不重要，问题是否有趣、活动是否好玩才是关键。

（3）从顾客感兴趣的商品入手

例如：可精选商品，在此商品下写明，下载安装App扫描商品下的二维码，可查看此商品的故事、介绍、评论和销售数据排名等，或者可用

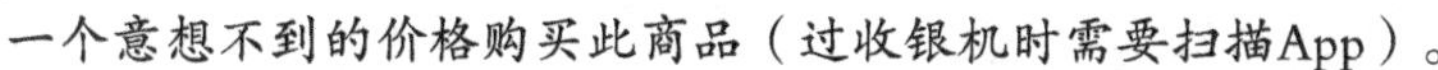
一个意想不到的价格购买此商品（过收银机时需要扫描App）。

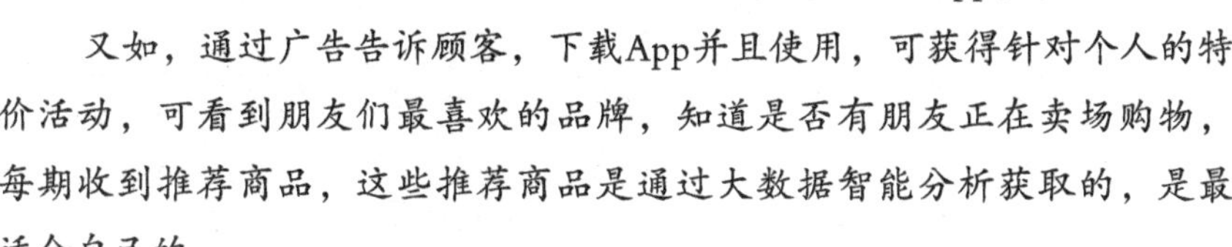
又如，通过广告告诉顾客，下载App并且使用，可获得针对个人的特价活动，可看到朋友们最喜欢的品牌，知道是否有朋友正在卖场购物，每期收到推荐商品，这些推荐商品是通过大数据智能分析获取的，是最适合自己的。

总之，有很多办法促使顾客安装便利店App，便利店在顾客心目中的印象深浅，影响顾客到超市购物的频次，以上活动能加深顾客印象，印象决定便利店客单量。

2. 激发顾客的参与感

想尽办法促使顾客安装便利店App，但如果App不能为顾客带来价值，顾客早晚会删除App，如何玩转便利店App，让顾客离不开它，具体有以下做法。

（1）可从兴趣商品入手，打造千人千面的App促销计划

例如：当顾客打开App时，每个顾客看到的推荐商品、活动方式都不同。推荐商品与活动的方式，根据顾客购物记录数据得出，大部分推荐商品是兴趣商品，其中部分兴趣商品特价销售，特价力度根据顾客不同而不同，商家对有潜力挖掘的顾客和流失顾客，给予更大的优惠力度，当顾客结账过收银机扫描App时，这些商品才以此价格销售，如此不会影响卖场价格体系。

（2）利用顾客社交关系，举办有趣的活动

通过朋友推荐安装App，通过读取通讯录联系人，我们能掌握顾客社交关系，当顾客在卖场购物时，我们可告诉顾客他的某个朋友也在卖场购物，还能以此做一些有趣的活动，如与朋友合买某商品使积分翻倍等。

管理妙招

便利店App一定要有用、有价值，通过商品、活动等维系顾客关系，在顾客心目中留下深刻的印象，做到这些，顾客自然会转化成粉丝。

3. 提升高价值顾客的体验

高价值顾客为便利店实现更多收益，但和低价值顾客享受完全相同的服务，这并不公平。高价值顾客看中品质、体验和感觉，相对不在意价格，传统积分卡无法吸引高价值顾客，便利店App才更容易吸引高价值顾客使用。

便利店通过App购物数据（客单价、毛利率、购物频次），可筛选出哪些是高价值顾客，并主动邀请高价值顾客成为便利店VIP，VIP使用的App上有特殊二维码，通过此二维码，可享受以下如图4-20所示的服务。

1 如可以设立VIP收银通道，刷App才能进入此通道，不用排队，收银员的服务更好，有材质更好的专用购物袋，帮助打包商品

2 如免费提供送货上门服务，在服务台办理商品打包，写明地址信息，便利店安排人员送货上门，让顾客购物更加轻松、简单

3 如提供进口精品水果或有机蔬菜预订预留业务，帮高价值顾客把关筛选，为高价值顾客提供精品水果或有机蔬菜

4 可考虑为高价值顾客提供休息室、按摩椅，为高价值顾客服务付出的成本可促进高价值顾客的客单价、客单量的提升，黏住更多高价值顾客

图4-20　提升顾客体验的方法

服务台打包送货上门服务可扩展到全体顾客，根据距离和包裹重量收运费，逐步引导顾客用PC或App在家购物，享受送货上门服务，此时变成门店为中心，线上与线下结合的闭环就是全渠道的了。

相关链接

便利店App应具备的功能

便利店App的开发定制需要具备以下功能。

1．商品分类

便利店与大超市相比显得非常小，但商品可谓琳琅满目，用户在寻找

某些商品时，可能不太方便。为了方便用户消费，商品需要配以简单的图片和文字，并根据产品属性进行分类部署。

2．用户体验度

用户第一次使用便利店App时，体验度尤为重要。匠心独具的UI设计、个人自定义化是必不可少的。

3．手机快捷支付

在线支付是所有电商商城、App购物必不可少的，其方便、快捷、即时到账、即时支付深受商家和用户喜欢。因此，便利店App也应对接开通微信、支付宝、银联支付等。

4．库存数量显示

大部分商品的库存是比较充足的，但是不排除某些特定商品售卖得非常好，需要增加库存，通过显示库存数量，用户可以清楚地看到某样商品还有多少，下单是否有货等情况。

5．消息推送

新货到店，特卖活动等可以通过消息推送的方式，让用户可以清楚地了解到便利店的相应活动或新品上市，促进商品的售卖。

6．手机定位

在App制作的定位导航中，支持提供商家的位置信息，用户能够在线上浏览商品，到线下购买，或者线上下单，线下提货，增加销售额。某些便利店支持送货上门服务，对用户的定位也要精确，方便及时送货上门。

7．会员、积分管理

会员与积分是实体店常用的营销手段，购物商城、化妆店、超市等都有会员积分制。便利店App也应该配置专属的会员系统，为商家提供一种有效的营销途径。商家也可以通过会员积分制度进行相应的折扣活动。当然，用户也可以在App中实时检查会员积分情况，享受相应的权限。

8．营销功能

用户在购买喜欢的商品后可以将其分享到微信、QQ等，为商家宣传口碑。可以配合一些营销手段使用，如分享好友享受折扣、好友点赞免单、分享红包等，宣传自己的IP，打造商家品牌形象。

五、大数据营销

“无数据，不管理。”如今，利用数据进行精细化运营管理是便利店的长久生存之道。未来的商业竞争，业态容易照搬、商家品牌可以分享、推广活动没有什么难度，真正学不来的是数据的处理、分析和挖掘，如何利用大数据做好精准营销呢？具体策略如图4-21所示。

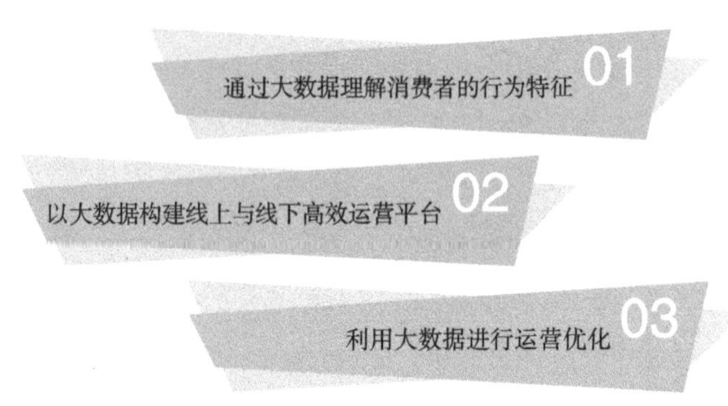

图4-21　大数据精准营销的策略

1. 通过大数据理解消费者的行为特征

（1）供需精准化

大数据的第一个价值在于均衡供给和需求，便利店根据客流数量和历史数据告知各商家下个时段预计的顾客数，顾客App接收精准推荐的优惠券，引导顾客流量，均衡供需。

大数据实现顾客标签管理的同时，把商家的部分商品、套餐、服务进行数据化处理并且标签化，以便与目标顾客实现更精准的匹配推荐。精准个性推荐的基础是用户标签，如图4-22所示。

（2）提升消费者体验

商家应通过大数据的收集，根据用户标签，实时、精准地把优惠推送给最有需求的人。

例如：如果电影院某些场次的观众很少，便利店可向附近有需要的会员发送免费电影票，用最小成本让顾客拥有意外体验。

（3）让服务升级

便利店也可通过大数据的应用升级服务。

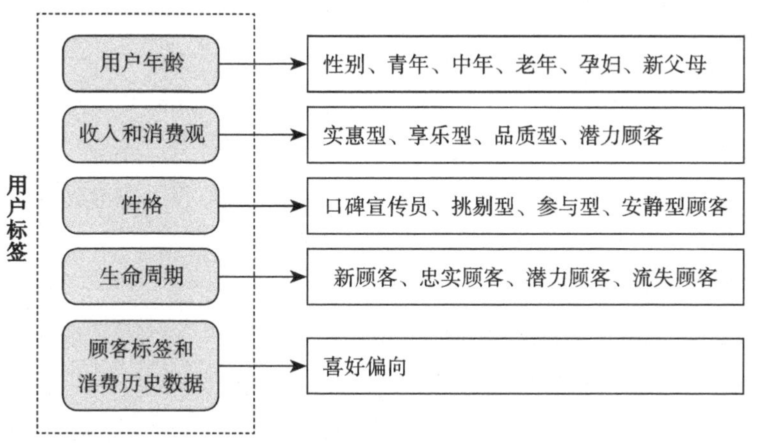

图4-22 用户标签

例如：大悦城的会员从一开始办卡使用以后，各月的消费金额不同，购买的商品也有差异，大数据可以分析出会员的行为习惯，从而在某一时间推送给会员某品牌的优惠券、O2O活动或艺术沙龙等精准信息，实现大数据背后的精准化营销。

大悦城将会员分为21个层级，为每个层级推送完全不同但与之对应的信息。通过“综合云数据中心”为客户提供精准的个性化营销，管理层也能及时掌握每家商户的销售业绩以及市场状况。

购物中心提供免费的Wi-Fi服务，将微信、微博、App连接成一个整体等，提升消费者的店内购物体验和购买转换率，让购物中心的全渠道零售管理逐渐成为可能。

2. 以大数据构建线上与线下高效运营平台

（1）利用数字科技，使用监控获取和分析线下客流信息

行业内众多的百货、购物中心、超市乃至专卖店都在使用客流监控系统，在条件允许的情况下，便利店也可以根据投资级别得到相应级别的数据。

例如：在便利店内外间的进出口进行监控，以分析各时段出入商场的人数；在动线或动线转折点，可以监控动线的客流引导效果；在收款台进行监控，可以统计不同时段收款台平均的排队长度。

（2）依靠Wi-Fi实现客流数据的采集

通过Wi-Fi采集分析线下数据是时下便利店掘金大数据的热门应用，

便利店希望能拥有类似在线电子商务网站Cookie一样记录顾客行为模式、偏好和转化率等数据工具。

例如：万达广场的顾客Wi-Fi跟踪系统，就是在整个广场搭建大Wi-Fi和大会员体系，通过Wi-Fi体系可以捕捉在广场里面所有的智能手机用户，用户的行迹路线、所关注的商品和消费习惯，然后商家通过会员体系可以掌握会员的各类信息和其特有的相关产品喜好。

（3）用支付宝打通线上与线下和支付

目前，支付宝正在探索通过portal（门户网站）页信息为合作商家导流。在支付宝的构想中，为某商户实体店铺设Wi-Fi的同时，可以通过portal页将用户导入该品牌的天猫店、支付宝服务窗、App、微信公众账号。

一旦导流系统完成，支付宝就可以通过portal页将实体店、天猫店、手机App、支付宝企业账号和微博等互联网产品进行整合营销。与目前行业中普遍应用的简单CPS广告相比，前者的针对性更强，转化率更高。

3. 利用大数据进行运营优化

（1）优化会员生命周期管理

便利店运营策略立足于“经营客流”，追踪单个消费者的单日消费轨迹，利用价值并不高，而影响最大的是会员生命周期。通过对会员总体的生命周期管理，便利店可以准确发现会员维护节点期、平台期、高价值消费期和预计的流失期——只有把握其中规律，才有助于指导日常商业运营的会员管理。

例如：上海某商场通过客户偏好分析，把忠诚会员可能感兴趣的品牌作为积分兑换目标，并将活动信息发给12万名会员中的1824人，最后实际兑换的人数为128人，参与率为7%——同行业同类促销活动的参与率仅为1%。

（2）精准获取消费者购物喜好

积累不同用户对品牌和折扣喜爱程度的数据，依托成熟门店的相关数据，再根据新开门店所在城市的用户分析，可以导出新开门店组货和招商的指导意见。

例如：银泰城在百货门店和购物中心利用银泰网，打通了线下实体店和线上的VIP账号。当一位已注册账号的客人进入实体店，他的手机连接上Wi-Fi，后台就能认出来，他过往与银泰城的所有互动记录、喜好便

会在后台一一呈现。通过对实体店顾客的电子小票、行走路线、停留区域的分析，判别消费者的购物喜好，分析购物行为、购物频率和品类搭配习惯。

相关链接

大数据如何赋能新零售

1．数据的价值

互联网的本质在于用户经营、流量经营，而数据在这其中是最为基础的一环。

首先，数据的价值在于可以驱动业务的增长。

以盒马鲜生的第一家店金桥店为例，目前线上部分的销售额已经超过了50%，这样的营收模型对传统零售商来讲是可遇不可求的。实际上这个结果并非一蹴而就。

其次，深入进行数据管理与挖掘，可以更好地服务用户。这里面包含了两个维度的用户，一是服务于企业内部，实现数字化管理；二是在消费者层面，可以提供个性化、多元化的服务。

在传统零售行业，企业内部管理的效率非常低，总部统一下达任务往往要召集各个分店店长统一参会。而数字化的好处在于极大提高了信息同步的即时性。

而在消费者层面，掌握更多的消费行为数据以后，平台方可以借助这些开展商品的个性推荐以及精准营销。

此外，数据本身或者基于数据分析得到的结论是具有价值的。我们可以看到，越来越多的企业也在以数据的标签标榜自己，如滴滴出行、摩拜等出行类工具虽未上市，但估值都在数十亿、上百亿美元。如果单纯看其本身的业务模型，虽然可以实现盈利，但不足以支撑如此高的估值。

实际上，更多的投资者看重的是其出行数据背后有着更大的商业价值。零售行业通过这些出行数据，可以做出更好的选址决策，基于人群的年龄、职业、喜好等画像分析，也可以帮助零售商在商品层面以及运营层面做出更好的策略。

2．由经验思维到数字化思维

新零售业态一个核心的特征就是打通了线下和线上，这样带来的直接结果就是，新零售业态可以采集到的数据更多。

传统零售商一直不够重视数据，一位在零售领域工作多年的高管曾这样表达："这些数据看上去并没有什么用处，特别是'北、上、广'一线城市，店面覆盖的3千米内，人员流动性比较大，另外有些人的消费习惯很难改变。"

实际上这也是大部分传统零售人的思维，我们可以把它看作经验思维，如货架怎么摆放、商品怎么选择、动线怎么设计。但对于新零售业态，在数字化经营思路下，这些数据并非如想象中那么无迹可寻。

在传统零售店面，商品完全依赖供应链以及价格体系，促销活动做了很多，究竟是谁买却很难清楚，包括店面的消费动线设计也是完全以货为中心，消费者在厨具摊位买完咖啡壶，还要跑到食品区购买咖啡。此外，诸如天气等社会公共信息等对到店客流的影响也会十分明显，传统零售商仅仅通过销售数据很难捕捉消费者的行为变化。

换作新零售，基于消费者为中心的业态，可以借助门店的Wi-Fi探针、蓝牙感知技术，自动识别消费者的手机或其他联网设备获得数据，在不惊扰客户的情况下，调取其资讯并快速提醒前台导购或服务人员。

消费者在哪些货架停留了多久、经历怎样的动线，这些数据对店面的反向管理起到至关重要的作用，直接影响了店面的仓储管理、买点捕捉硬件设备的位置。

3．下一站，人工智能

2000年以前，互联网发展初期的数据，以结构化文本为主的粗颗粒度数据，以天为单位的响应时间，数据结构也十分单一。进入2000年以后，互联网、Web飞速发展，真正意义上的结构型数据开始出现，特别是随着社交媒体发展，多元化的数据包括文本、音频、视频，小颗粒度的数据呈现爆发式增长。

2008年以后，移动互联网时代又将数据推向更高的维度，传感器、GPS等便携设备的出现，数据开始以秒为响应单位，数据量达到PB级别，这也催生了大数据生态圈Hadoop等分布式处理的软件框架。

随着更多的实体零售走向互联网，产业升级，数据的体量将更庞大，颗粒度也将更细小，更先进的算法逻辑，更强大的处理能力成为行业所需。

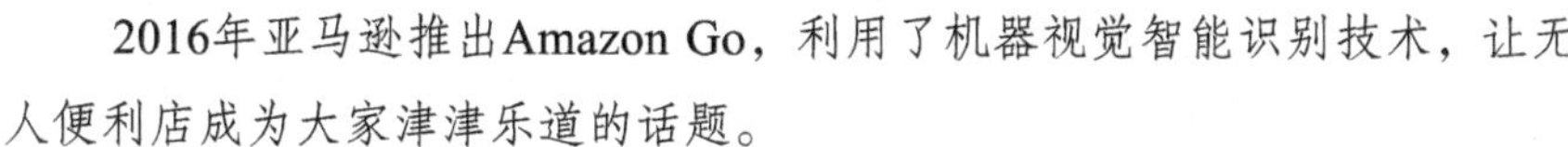

2016年亚马逊推出Amazon Go，利用了机器视觉智能识别技术，让无人便利店成为大家津津乐道的话题。

虽然这样的方案随着店铺规模的扩大，系统的计算量将大幅飙升，对GPU提出巨大的挑战。但至少目前，在数据方面，零售的终极必将走向人工智能、机器学习这条路。

六、微博营销

对便利店来说，有人气的地方就是营销的重要战场，商家利用官方微博发布消息、组织活动、粉丝互动，显然是个聪明且高效的操作。

那么，对便利店来说，微博营销这个低成本、杠杆作用明显的营销操作如何开展？哪些关键点需要注意？

1. 树立形象

社交媒体的拟人形象在社交媒体营销中有良好的效果，一个接地气的拟人形象无疑是与粉丝搞好关系、拉近距离的必备条件。而微博ID也不能敷衍，既要让人眼前一亮，又要简单好记，这样才能让人印象深刻，不会轻易淹没在首页及关注列表中。毕竟ID和形象是商家在微博上的“门面”，让粉丝耳目一新的门面显然是帮助营销取得成功的先天优势。图4-23所示成都全时便利店的微博界面。

图4-23　全时便利店的微博界面

2. 抓住热门话题与关键词

“如果不能创造热点，那么就追上热点”，如今很多的自媒体号或营销号是靠这样的走位收割流量的。可见，热门话题与热搜关键词是增加曝光次数的有力工具。当然，追热点还需要有策略、有原创的操作，而不是盲目、生硬地植入，否则会引人不快。如图4-24所示微博营销就有点让人觉得太牵强！

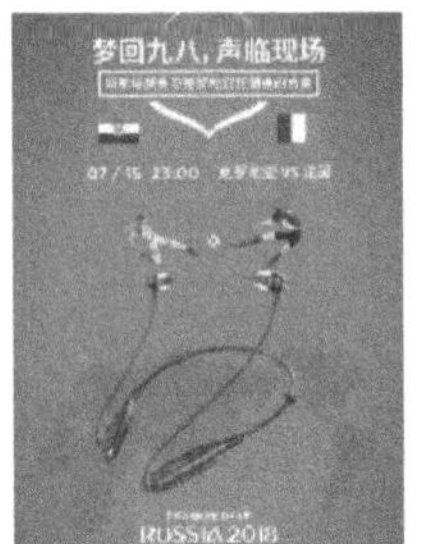

图4-24　微博营销界面，让人觉得太牵强

3. 主动展开互动

与粉丝有来有往地互动是建立信任的基础，时不时“皮”一下，瞬间会拉近商家与粉丝的距离。例如：可以就粉丝的提问进行解答，可以就产品技术进行讲解，也可以就相关知识进行科普，其目的就是在契合产品的基础上戳中目标粉丝群体的兴趣点。

同时，适当的话题互动也有助于提高企业微博的活跃度，为下一步的推广增粉打下基础，如图4-25所示。

4. 内容形成框架

内容天天发，发什么？规划几个固定栏目是个明智的选择，根据自身定位与粉丝偏好打造固定模块，定时向内填充相应内容，既不用每天绞尽脑汁想内容，又避免内容杂乱无条理，还能在阅读中让粉丝逐渐培

养出固定思维，成为不易流失的“超黏粉”，如图4-25所示。

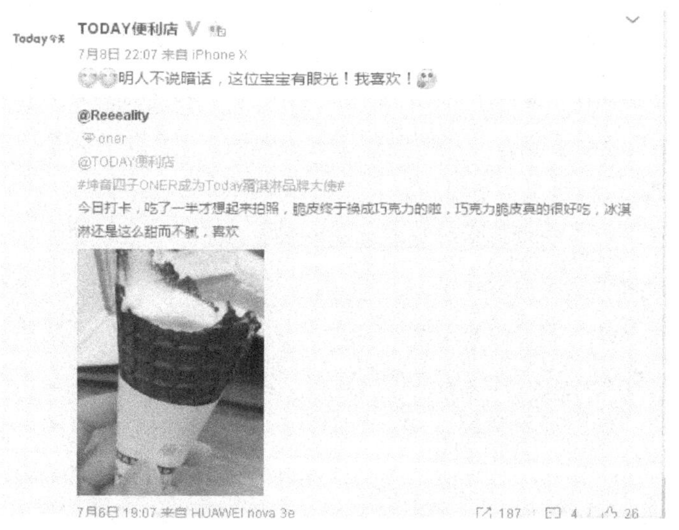

图4-25　微博营销时适当的互动有助提高微博的活跃度，为推广增粉打基础

相关链接

微博营销中需注意的“雷区”

雷区一：盲目跟风，微博是“万金油”

微博的确很神奇，但绝对不是“包治百病”。不要因为看到其他商家开始用微博做营销，就立刻奋不顾身、投入其中，最后不得其法。世界上没有最好的营销方式，只有最适合企业自身的方式。企业的潜在目标客户是否在微博上有一定的数量，他们在微博上主要关注什么、需要什么，找到企业和用户的联系等，这些是需要企业提前调研的。

雷区二：未计划就执行，品牌形象难统一

很多企业雇佣刚毕业的大学生负责微博，由于缺乏微博操作培训，在微博沟通中容易产生口气低龄化的通病。企业对微博营销没有统筹规划，只是临时找一个人负责微博，执行一段时间这个人可能换岗、离职又换下一个人来做，中间可能停止更新很长一段时间。企业微博日常更新和回复的语调不统一，客户体验很差。

雷区三：忽视内容本身，迷恋粉丝数的增长

到目前为止，部分企业仍将粉丝数作为考核微博营销的唯一指标，从

微博私信中卖僵尸粉的活跃程度就可想而知了。如果无法发掘粉丝的价值对企业来说毫无意义。

微博营销和其他网络营销方式一样，仍旧是内容为王。企业对微博必须进行规划设计：发什么内容、目标人群分析、要达到的效果和推广的目的必须有明确的方向，这样才能够帮助微博维护人员执行，最明显的体现形式是“#××#”系列标签。

雷区四：企业微博运营没有想象中那么容易

企业微博营销绝对不是一个低门槛、低成本的营销方式。看起来似乎就是上传头像、名字、背景等，每天发一条140个字的内容就可以了。实际上看似简单，其实是最有难度的营销方式，需要操作者具备多方面的能力，涉及广告、市场营销、危机公关等，140个字的微博文案堪比一篇软文，既要好玩有趣，又要让用户认为有利可图，从而有兴趣发表评论或转发。可以看看目前做得较好的企业微博营销，基本都是团队运作。

企业微博营销是长期的，绝非一日之功。在前期没有活跃粉丝时，你发的内容根本没人回应，何谈互动，何谈价值。如何增加真实活跃粉丝、持续提供有价值的微博信息、与用户合理有效地互动、评估企业微博营销效果等是企业运营微博需要考虑的内容。

七、会员营销

如何更接近现代消费者，提供他们需要的商品是现代便利店的课题。而经营会员，一定可以为便利店带来增量价值。

1. 会员卡的种类

会员卡为商业企业拉动群体消费和稳定销售业绩，起到不可忽视的作用。而会员卡的用法又比较烦琐，会员卡主要有以下几种使用形式。

（1）积分型会员卡

积分型会员卡主要是以消费商品积分为主要跟踪手段。商品的积分公式算法也会有多种：可以根据售价；可以根据商品毛利定义具体商品的积分点数；也可以根据不同商品类别的毛利率计算不同类别商品的积分；还可以根据不同商品的特性定义具体的详细积分点数，然后根据积分点数的多少，回赠消费者礼品或奖券参与抽奖。

其促销手段如图4-26所示。

在某个时间段，可以根据消费的情况，降低领取奖品的底线；或者提高积分同等条件下的积分点数等刺激会员消费

在某个时间段，根据会员的消费积分等级，满足一定的积分点数，可以以超低价购买商品。例如：凡积分在限定时间内满100点可以用20元购买5升装食用油一桶

会员可以用一定数目的积分点数，加一定现金购买商品。例如：100点的积分加10元可以购一瓶200毫升飘柔洗发水，当购买完商品时会员卡的积分就相应减少100点

图4-26　积分型会员卡的促销手段

管理妙招

不管采取哪种形式促销，一定要使门店从成本的角度核算，消费者也很容易达到消费要求，才更有实际意义。当然，事先要根据门店规划的会员章程制定活动规则。

（2）折扣型会员卡

折扣型会员卡是定期收取一定的会费，或者先预付消费款项，或者指定某一部分消费群体，在正常消费过程中可以享有的特殊折扣比率。它一般根据会员顾客的类型或等级，执行不同优惠比率；具体商品的优惠比率也可以制定为不一样的，而且可以对不同的货品类别制定不同的折扣；根据商品给持卡者制定统一的折扣价，通常称为会员价。

其促销手段如图4-27所示。

在一定时间内，针对持卡会员进行商品特低折扣优惠，促进团体客户消费，同时拉动新的顾客入会

折扣型会员卡的促销手段

持卡消费（必须与积分一起使用）满一定数额后，可以升级，使其获得的优惠比率更大

图4-27　折扣型会员卡的促销手段

管理妙招

在制定商品的折扣比率或金额时一定要根据商品的毛利具体定义每个商品的折扣价格，以避免商品亏本销售。

（3）返利型会员卡

返利型会员卡是根据会员消费的金额，满足一定数目后给予一定的返利优惠券或商品。此种类型应该是在积分类型的基础上的衍生，但具体的返利标准及时间限制，门店要根据自身利益情况做出限制。

其促销手段如图4-28所示。

返利型会员卡的促销手段

- 在某个时间段内，针对某类商品加大返利力度
- 在限定时间段内，领取了正常返利的同时，又可连环参加抽奖活动或其他促销活动

图4-28 返利型会员卡的促销手段

管理妙招

由于活动时间限制和参与对象的条件限制，返利商品的范围必须在使用前规划好，避免引起顾客争执。

（4）联盟型会员卡

联盟型会员卡是联盟结合其他商业服务单位，推出联合促销活动。

例如：顾客特沃尔玛山姆会员店的会员卡，可以到其他的商业公司消费时享受特殊折扣，如影楼、美容院、餐饮店、汽修厂、娱乐城等。

其促销手段如图4-29所示。

联合其他商家，在规定时间段在门店消费满一定数额可以到联盟商家享受特殊折扣；或者在其他商业公司的消费够一定金额后可以在门店以超低折扣购买关联商品

其他新的联盟商家加入时，加大折扣力度，或者降低条件限制

图4-29 联盟型会员卡的促销手段

管理妙招

联盟的商家要是享有商业美誉的优秀商家，最好建立关联会员档案，当一方有新的顾客入会时，另一方或多方可以马上发出通知或邀请顾客入会。

2. 会员如何有效管理

会员管理究竟该怎么做才会有效果呢？这就需要做好会员管理的定位问题。一般来说，会员管理的定位分为内部定位和外部定位。

（1）内部定位——组织绩效

现今会员管理似乎与哪个部门都相关，像市场部负责发短信、生日关怀；采购部负责会员特价商品、赠品；门店负责会员招募、管理等，各部门之间各司其职，至于回头率怎么样、忠诚度怎么样，似乎与哪个部门都不相关。基于这种情况，连锁企业可成立虚拟事业部，进行独立核算，核算对顾客的营销预算、营销收益，对员工的费用预算、费用收益等。

调动平行部门可以采取利益平衡的方法，如实行内部积分制，通过奖励（每办多少张会员卡，可获得多少元奖励）等方式让收银员、导购员积极引导顾客办卡，保证会员基数，有基数才有力量。

（2）外部定位——会员基数

在企业制定外部定位时首先要考虑顾客定位，顾客定位的方法如图4-30所示。

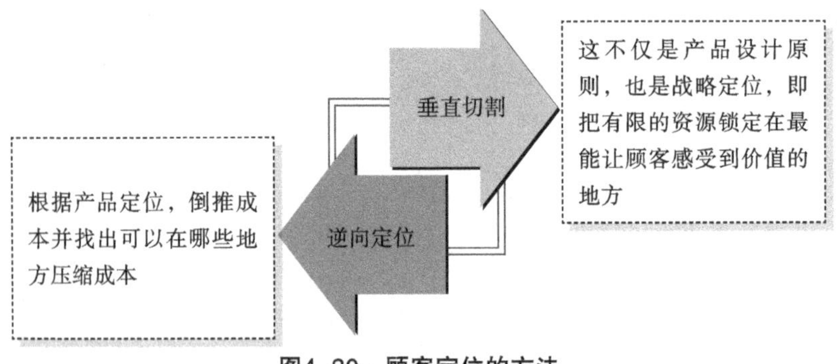

图4-30　顾客定位的方法

当明确了顾客定位之后，如何做到比别人便宜，还保持高毛利？这体现了企业的经营智慧。

3. 如何让顾客办卡、用卡

首先，要让顾客在店里办卡时马上看到优惠。

例如：顾客办的卡中有××元代金券，定期发送代金券，限定时间消费（如×月底截止），并留些惊爆商品让会员独享，充分考虑顾客心理，调动顾客办理会员卡的积极性。

再者，会员的积分规则要简单、透明，让顾客可以马上理解。缩短顾客返利周期，定制促销，让商品和服务供应商一起参与进来。

企业仅仅有了会员就算是做好会员管理了吗？当然不是，鼓励会员办卡用卡是为了增强顾客对企业的黏性，通过用卡消费数据分析顾客消费规律，进而提升企业的业绩。因此，扩大有效会员基数必不可少。具体方法有充值、特享、会员顾客调查表、实名登记管理、礼品兑换时信息再梳理；或需要花钱购买会员卡（如山姆会员店），以此稳固会员。除此之外，还要引导会员消费，让目的性促销品与推荐商品组合，商品和服务更贴近顾客的实际情况，对不同消费层级的消费者在服务的方式上做出区别，给顾客以尊贵的享受和贴心的购物体验。

总之，会员体系一定要透明、简单，考验会员体系有没有吸引力就看兑换率，考验会员管理有没有效果就看会员贡献率。当兑换率和贡献率提升后，企业的会员管理才能称得上有效。

新零售下便利店的解决之道：将用户数据化

根据中国连锁经营协会统计，55%的企业建立了会员体系，而有会员体系的企业销售是稳步上升的。在新零售之前，便利店并不确定每位购物的会员是何种状况，只是依靠规模扩张保持销售的同比增长。而新零售下便利店的解决之道是将会员数据化，经营好每位会员，利用互联网做乘法。

1．摸清会员情况

“线下门店和线上门店谁有竞争力？是线下。线下便利店的获客成本远远低于线上。一号店的获客成本是120～150元/人，就全家的情况而言，门店租金除以客户数，差不多是0.8～1.2元/人。”顶新国际集团便利/餐饮连锁事业新零售事业群执行长胡兴民表示，线下门店关键是怎样善用这些客户资源，“这就是要开始导入会员系统的根本原因，有会员你才知道‘上帝’在哪里。”

2014年5月起，全家陆续上线顾客忠诚管理（CRM）、铁杆粉丝经营（Fans）和顾客终身价值（CLV）管理体系，力图寻找自己的“上帝”。其中，CRM系统通过大数据集中分析“‘上帝’的RFM值”，即“多久没来（Recency）、来几次（Frequency）和花多少钱（Monetary）”3个问题。在最初的半年里，全家发卡249万张，实际有效注册会员208万人。这让全家知道了消费者到底是谁，还知道了对方的电话、性别等相关信息。并通过标记消费者在全家及其他合作商户的购买行为，渐渐完成消费标签。目前，全家29.4%的消费者是90后到95后群体，而1980年以后出生的消费者占比高达92.2%。

另一个外资便利店罗森其实很早就进入了中国，1996年进入上海。从2013年开始，罗森发展进入快车道，除了门店在不断增加，销售也在保持着每年15%的增长率。罗森集团执行董事、罗森中国副总裁、上海罗森董事总经理张晟介绍，“这15%的增长中有12%是来自来店人数的增长，而不是客单价的增长”。2014年8月推出了罗森线上会员软件——罗森点点App。从上线到2017年4月底，上海、北京、大连和武汉4个城市的会员数已经突破48万，“对会员面貌画像的了解，对整个消费者行为痕迹的了

解，它包含两个维度，不光是消费行为，同时可以跟踪购物行为”。根据罗森的观察，“15～19岁的人群每周来便利店3.9次，40～54岁人群的频次是每月1.9次，55岁以上的人群来便利店购物次数惨不忍睹，所以做卡通、做形象是我们唯一的目的，就是让罗森的人群再次年轻化。”

7-ELEVEn的顾客调查显示，“来7-ELEVEn购物的人群中，30岁左右的大概占31.6%，20岁左右是最多的，占56.1%。来客职业当中，公司职员占到3/4。”7-ELEVEn商品部部长和田晓表示，在男女比例上，女性顾客占了65%左右。

2．匹配会员需求

在清楚认识到自己的会员是何种人群、具备什么样的购物习惯和特征后，需要便利店在商品开发及服务上进行精准营销和匹配。经过顾客调查，7-ELEVEn认为，他们“要求商品的品种丰富，包括对品质要求比较高，同样对健康、搭配要求比较严格，而且来7-ELEVEn是有目的地买日配商品，买每天可以吃到的商品”。和田晓表示，针对这种需求，7-ELEVEn重点对传统食物商品进行开发，保证新鲜、安全和味道好，同时辅助7-ELEVEn实现差别化的商品，好炖、炸品还有咖啡，给消费者不同的购买选择。另外，消费者对食物类商品的需求是马上吃到，这就要求便利店要尽量多地开店。

罗森确定以吸引年轻人为目标后，在商品及门店形象上有了很大的改观。例如：强化甜品，不断上新网红商品，如冰皮月亮蛋糕、豆乳蛋糕、蛋黄肉松冰皮月亮蛋糕等，这些产品甚至在淘宝上被炒出超过两倍的价格；在门店设计上瞄准“快乐新奇购物在罗森”，陆续开出了轻松熊主题店、世界上首家芭比娃娃罗森、奥特曼罗森、火影罗森等主题门店。上海罗森副总经理何韵民介绍，罗森点点App的主要功能，第一是常年滚动促销会员商品；第二是数据挖掘分析，精准定向派样，还有会员积分，包括广告和激发抽奖等。“我们的App还可以做一些消费者调研，新商品在收集概念时会用问卷问消费者，然后根据这个结果开发商品。”

“从客户是谁去定义我们要卖什么商品。当消费者想要买个东西很急时，就会就近去便利店满足需求；但是现在不是很急，可能为了明天或者后天，或者有目的地预购去满足生活上的需求时，会去线上购买。”胡兴民表示，全家目前正在尝试做会员制线上商城“甄会选”，只针对每年缴费100元的“尊享会员”服务，每款商品都可以抵扣积分购买，“我们

把线上与线下串起来时会越来越清楚这个会员长什么样子，在什么样的场景、什么样的地点消费，我们可以提供更多的商品、体验、服务给他们。”前中国全家总经理朱宏涛说，“有了100元的年费，我们就可以把商品毛利率控制在10%以内，在更利于比价的线上环境中，甄会选的商品就更有竞争力。同时，我们鼓励消费者线下提货。实践证明，在线下提货的消费者中又有50%的人会在便利店购物，又增加了线下销售。”目前来看，尊享会员客单价已达24元，是非会员的2倍；到店频次较普通会员5.6次/月也提升了2.33倍。

3．刺激会员活跃度

当企业将会员数据化后，需要最大限度地利用会员的价值为销售提升做出贡献。会员商品和会员折扣是一种常用的方法，如罗森点点App里有会员商品限定的优惠价，会员商品的平均幅度大概是8.5折，10元的商品通过会员打折是8.5元，引导消费者加入罗森会员享受多重优惠。另外，罗森根据App数据分析，通过不同会员派发个人化的优惠券和促销方式，让这个群体的客户增加来店次数，进而提高客户忠诚度。

为了让会员活跃起来，全家并没有只用折扣吸引顾客消费，而是利用积分的各种规则让消费者感受到“积分比钱更好用，更值钱，更珍贵”，如10元的商品，抵扣积分5元就可以买到，或者某些商品只能用积分购买。换言之，全家打造了一套只在全家内部流通的“积分人民币”，并且让消费者知道自己还有钱在便利店，从而提高用户的来店频次。会员制度上线半年后，全家积分总数达9.1亿分，平均单店送出日积分约3710分，兑换分数2.1亿分。在全家推行会员积分制的第一年，会员黏性明显提升。会员消费占比从0提升至23.5%。会员每月到店频次是5.25次，客单价达13.5元，高于非会员客单价2.1元。

7-ELEVEn则是引入了独家的进口商品来刺激消费者的购物欲望，“中国进口商品市场非常广泛，很多中国人非常喜欢进口商品，7-ELEVEn也考虑到，只有在7-ELEVEn才能买到的进口商品，现在这部分也在进行重点推广，如雪肌粹是7-ELEVEn日本的独家商品，引入国内后，北京有一家门店一周销售了159个，最终的销售结果也让我们非常惊讶。”和田晓表示，因为中国消费者的要求，7-ELEVEn导入了很多新型商品，这些商品将按照顺序、日程逐步导入到中国的便利店里。

第五章

年度工作安排

不少管理者认为，越到年底越忙。其实只要平时的工作做到位了，到了年底一样可以轻松应对。这时，你只需要集中精力，做好年终工作总结，并制订来年的工作计划和安排，如编制各种计划、建立各种制度等。

一、做好年终工作总结

年终总结是人们对一年来工作学习的回顾和分析，从中找出经验和教训，引出规律性认识，以指导今后工作和实践活动的一种应用文体。年终总结的内容包括一年来的情况概述、成绩和经验教训、今后努力的方向。

那么，店长要如何写年终总结呢？要想全面、系统地做好年终总结，一般来说，可按照图5-1所示的几个方面来组织内容。

1 工作业绩，包括便利店所取得的成绩

2 便利店建设，包括便利店的制度建设、员工工作能力的提高、员工工作士气的提高、团队协作情况的改善等

3 将便利店员工之间有效协作的情况反映出来

4 对希望解决的问题，提出来并提供相应的解决对策。对实在没有办法解决的问题，必须明确提出解决问题需要的资源和支持

图5-1　年终总结应包含的内容

如果能做到文、数、表、图综合运用，甚至是多媒体的演示，将要

表达的核心思想准确、清晰、生动地呈现出来，将会显得更直观。

下面提供一份××便利店年终总结的范本，仅供参考。

范本

××便利店店长年度工作总结

回首2017年的工作历程，有硕果累累的喜悦，有与同事协同攻关的艰辛，也有遇到困难和挫折时的惆怅，我经历了很多没有经历过的事情。似乎从一开始，新年带来的一切都是新发展、新要求。总体观察，这一年我取得了长足的进步，不论是与顾客的客情投资，还是销售管理经营与供应商的接洽工作，都在不断地进步中。现就本年度工作情况总结如下。

1. 工作回顾

（1）门店情况

2017年3月，通过自己的努力并且因公司领导的信任，本人升任××B店的店长。作为一名新店长，初出茅庐没有经验，在店面的运行、安排以及公关等方面都不是很成熟，但秉承着“勤奋好强，勇攀高峰”的决心与破釜沉舟的勇气，想着一定要把店面做好，不只向关心我的领导证明、向质疑我的能力的人证明，更向自己证明“只有不想做，没有做不了”这句话的正确性。接手店面以来，我如履薄冰，在工作学习上丝毫没有懈怠，为弥补自己经验的不足，利用有限的学习机会，多渠道刻苦学习。随着积累的经验增多，我面对诸多问题时的解决方法也更成熟与专业。B店的销售营业额及店内员工的整体素质都有了阶段性提高。

作为一名店长，我深感责任重大，这段时间的工作经历让我明白了这样一个道理：对一家经济效益好的便利店来说，一是要有一个专业的管理者；二是要有良好的专业知识做后盾；三是要有一套良好的管理制度。用心观察，用心与顾客交流，你就可以做好。企业精神的首要任务便是打造团队，当拥有共同目标并且愿意为这个目标而努力的这样一群人时，成功的概率相当大，所以做好员工的思想工作，团结店内员工，充分调动和发挥员工的工作积极性，了解每位员工的优点，并发挥其特长，做到量才适

用。增强本店的凝聚力，使之成为一个团结的集体是上任后的首要任务。其次，通过各种渠道了解同业信息，了解顾客的购物心理，做到知己知彼、心中有数、有的放矢，使我们的工作更有针对性，从而避免因此带来不必要的损失。

当遇到突发问题，我会冷静对待、沉着应对、分析利弊，在最短的时间尽可能做出正确的决定。在多方面的改进下，B店现在的总体水平正在以稳定的形式发展着。大部分人的整体素质有了很大的提高，从最初的要我干，变成了我要干。同时，财务账目清晰、出入明确、透明化、规范化。处理客情、退换货品、与供应商的关系稳定见好。

（2）完成的其他工作

① 认真贯彻并完成上级领导分配的各项任务，对员工进行思想教育工作，每天都有例行早会，交代一天大家要做的事情，安排好员工的工作，总结昨天的工作以及出现的问题，听取大家的意见和在工作中遇到的问题并且解决这些问题。在例会上很多潜在的问题被提了出来，这能使店面更好地发展。

② 员工的个人习惯加上对新规定的排斥，给我的工作造成了很大的阻碍，如每日例会时的企业宣言，因为几个员工年龄较大且从来没有这样做过，尤其是在顾客的面前宣读更加不好意思。在我的开导下以及对其陈述早会宣言的优势后，大家逐渐能够接受早会及早会宣言。经过一段时间的沉淀，他们也渐渐地习惯了这种形式。

③ 妥善处理顾客投诉和服务工作中发生的各种矛盾，如前段时间顾客过来换取奖品，因非本店销售商品且没有购物小票，按照公司规定是不可以兑换的，可是顾客并不这么认为，有时碰到这样的顾客，员工会出现情绪不佳的状况。我始终保持微笑，认真地为顾客解释原因，并且为顾客想好解决的办法，让顾客满意地离去，处理完这件事马上对员工进行培训，告诉他们遇到这种情况应始终保持专业，因为我们的一言一行代表的并不是个人，而是××门店的整体形象。

④ 身先士卒，带领店内员工整理货架，重新安排排面，总是将最沉的货物留给自己。在总部正确方针的支持下，门店的运行正呈现优质化趋势，组织上制定的各项规章制度也在一步步地推行。

⑤ 在加强理论学习的同时，我注重更新知识结构，重点加强市场营销与口才的学习，努力做到在工作中学习，在学习中工作，精益求精，不

断探索，使自己更加胜任本职工作。

2. 工作中的不足及需要改进的地方

通过这段时间的工作，我充分认识到自身的不足。随时都在进行自我反思，希望可以实现对自己的一些突破。我想改变一些局限，改变原有的工作方式，要求自己在团队的协助下达到最佳的状态。这些在我以往的工作经历中都是没有的，都是在升任店长以后对自我的要求。虽然我有了很大的进步，但是仍然感到自己有不少不足之处。

（1）经验不足，沟通不够

由于我刚上任，对接触的人还不能达到"自来熟"的程度，总是有些腼腆，虽然现在改进了很多，但还是有所欠缺。尤其是在与顾客的客情和解决纷争以及与各部门和兄弟店面协商时，需要反复沟通，以达到相互理解和支持。然而，我在这方面做得不到位，我的沟通方式比较直接，不太会"引客入境"。在日后的工作中，我想尝试变换自己的沟通技巧，适时运用恰当的方式完善自己。

（2）心思不够细致，缺乏创新

管理工作要求管理人员心思细致，包括对员工状态的敏感度、对卖场商品的熟悉程度、对顾客心情的掌握等。不管是在日常生活中还是在工作中，人们需要相互协助、相互帮助，只有这样才能更好地做好工作。这段时间，公司里的同事及时给予了我工作上的理解和帮助，从而使我顺利地完成了自己的各项工作，提高了对工作的谨慎态度，养成了凡事要问清楚、做事前要有借鉴的习惯，不过这也导致了我缺少创新意识。在今后的工作中，我会尽快转变思维，让自己成为更具创新思维的员工。

以上列举的不足之处，是我反思之后认为自己在工作中存在的问题和需要改进之处，在以后的工作中我将努力改进，争取获得更好的成绩。

3. 今后提高工作水准的举措

伴随着已经远去的2017年，面对2018年的工作，新的各项工作给我带来无限遐想。在这里，我从个人的角度谈谈自己2018年要为工作做的努力。

加强商品进、销、存的管理，掌握规律，提高商品库存周转率，不积压商品，不断货，使库房商品管理趋于科学化、合理化。

明确全店销售目标，将销售任务细化、量化，落实到每名员工并进行

相关的数据分析。

在节假日上做文章，积极参与公司的各项促销活动及店内的各项活动，充分做好宣传及布置工作。

做好大宗、集团购买的接待工作，做到一人接待，全面协调，让顾客得到方便、快捷的服务。

知己知彼，通过市场调研，分析总结存在的差距，及时调整，以顺应市场的发展变化，提高市场占有率。

尽可能地降低成本，开源节流，以减少开支。

日常管理，特别是抓好基础工作的管理。

加大员工的培训力度，全面提高员工的整体素质。

对公司高度忠诚，爱岗敬业，顾全大局，一切为公司着想，为公司全面提升经济效益增砖添瓦。

加强各部门、各兄弟店面的团结协作，创造良好的工作环境，发挥员工最大的工作热情，逐步成为一个优秀的团队。

做好店内人员的培训工作，培养员工的集体荣誉感和主人翁意识，以店为荣，让每位员工充分发挥各自的潜能，使之成为爱岗敬业、服务热情周到的高素质人才。

奖惩分明的制度，以激励和约束员工的工作，使全店成为一个团结协作的集体，在竞争中立于不败之地。

创造、布置良好的店面环境，树立良好的商业形象，尽最大努力使顾客在布局合理、优美、整洁的环境中享受购物的乐趣。

创造良好的外围环境，协调好与邻里、安防人员、政府部门的关系，减少不必要的麻烦。

总结过往经验，分析没有做好的事情并且吸取教训，找出原因及解决的办法；已经成功的事情寻找实施时的不足之处，把这些经验用到未来的工作中。

经常与我店周边的相关部门沟通，如城管、派出所及我店所在的水电部门，为今后我店在店外做各种促销活动创造良好的条件。

不积跬步，无以至千里。点点滴滴，造就不凡，过去的一年，由于欠缺工作经验，我在实践中暴露了一些问题，虽然因此碰了不少壁，但我也

得到了不少的磨砺机会，这些机会对我来说都是实际而有效的。在今后的工作中，我将不断提升个人修养，努力学习，努力提高工作能力，适应新形势下本职工作的需要，扬长避短，发奋工作，克难攻坚，力求把工作做得更好，树立良好形象。人生能有几回搏，在今后的日子里，我要化思想为行动，用自己的勤劳与智慧描绘未来的蓝图。望领导给予指正，不吝赐教。

二、制订来年工作计划

每年年末时，店长除了要对一年的工作进行总结外，还要做好来年的工作计划。

下面，提供一份××便利店店长的年度工作计划，仅供参考。

范本

××便利店店长年度工作计划

伴随着已经远去的2013年，面对2014年的工作，新的各项工作给我带来的是无限遐想。在这里，我从个人角度谈谈自己2014年要为工作所做的努力。

（1）加强商品进、销、存的管理，掌握规律，提高商品库存周转率，不积压商品，不断货，使库房商品管理趋于科学化、合理化。

（2）明确全店销售目标，将销售任务细化、量化，落实到每名员工并进行相关的数据分析。

（3）在节假日上做文章，积极参与公司的各项促销活动及店内的各项活动，充分做好宣传及布置工作。

（4）做好大宗、集团购买的接待工作，做到一人接待，全面协调，让顾客得到方便、快捷的服务。

（5）知己知彼，通过市场调研，分析总结存在的差距，及时调整，以顺应市场的发展变化，提高市场占有率。

（6）尽可能地降低成本，开源节流，以减少开支。

（7）加大员工的培训力度，全面提高员工的整体素质。

（8）加强与各兄弟店面的团结协作，创造良好的工作环境，发挥员工最大的工作热情，逐步成为一个优秀的团队。

（9）做好店内人员的培训工作，培养员工的集体荣誉感和主人翁意识，以店为荣，让每位员工充分发挥各自的潜能，使其成为爱岗敬业、服务热情周到的高素质人才。

（10）奖惩分明的制度，以激励和约束员工的工作，使全店成为一个团结协作的集体，在竞争中立于不败之地。

（11）创造、布置良好的店面环境，树立良好的商业形象，尽最大努力使顾客在布局合理、优美、整洁的环境中享受购物的乐趣。

（12）创造良好的外围环境，协调好与邻里、安防人员、政府部门的关系，减少不必要的麻烦。

（13）总结过往经验，分析没有做好的事情并且吸取教训，找出原因及解决的办法；对已经成功的事情寻找实施时的不足之处，把这些经验用到未来的工作中。

（14）经常与我店周边的相关部门沟通，如城管、派出所及我店所在的水电部门，为今后我店在店外做各种促销活动创造良好的条件。

在今后的工作中，我将不断提升个人修养，努力学习，努力提高工作能力，适应新形势下本职工作的需要，扬长避短，发奋工作，克难攻坚，力求把工作做得更好，树立良好的形象。

三、编制机器操作指引

便利店有各种机器，如热汤池、蒸包机、电饭煲、微波炉、制冰机、低温柜、开放式冻柜等。店长要编制统一的清洁操作指引，以便指导员工操作。

下面，提供一份××便利店常见机器清洁操作指引的范本，仅供参考。

××便利店机器清洁操作指引

1. 热汤机清洁操作指引

（1）洗机前先关掉电源。

（2）将机内剩余货品做坏货处理。

（3）待机内的水冷却后，倒掉汁液。

（4）将内胆及层架拆出用洗洁精清洗后，用清水洗净。

（5）洗完后将层板及内胆放回机内。

（6）清洁机器表面及底部桌面。

（7）按分量开调汁液加入机内后开启电源。

（8）从冻房取出货品用微波炉解冻、加热。

（9）待煮滚汁液后才可加货。

2. 蒸包机清洁操作指引

（1）洗机前先关掉电源。

（2）将机内剩余货品做坏货处理，放掉机旁喉管内的水。

（3）拆卸所有层板，清洁底部包屑。

（4）用专用毛巾加适量洗洁精清洗每块层板和机身内外并过水。

（5）将层板放回机内指定位置。

（6）将热水加到入水管的指定位置后开启电源。

（7）从冻房取出货品用微波炉解冻、加热。

（8）当机内升至70℃并充满蒸汽时加新货。

3. 冷藏柜清洁操作指引

（1）清洁前，须先切断电源。

（2）用软棉布沾些少量无腐蚀性洗涤剂的温水溶液擦洗冷藏柜内外表面。清洁后用干布擦干，千万不可用有机溶剂、热水、洗衣粉等对冷藏柜有害的物质进行清洁。

（3）不定期用软毛刷清除冷凝器及压缩机上的灰尘、杂物，以保持良好的制冷效果。

（4）要经常用温水擦洗密封条，使密封条保持弹性，以延长其寿命。

（5）冷藏柜上不要放置较热的物体，以免变形。

4. 低温柜清洁操作指引

（1）融雪前须将货品移至同温度柜内。

（2）关闭电源，打开柜门，用干毛巾铺在柜门边以防雪融成水后漏入机器内部。

（3）雪融后拆出层架，清洁内壁。

（4）清洁各层架后装回原处，开启电源。

（5）温度恢复−18℃～22℃后放回货品。

5. 开放式冻柜清洁操作指引

（1）保持−6℃，每天检查并登记温度。

（2）每天交班前需倒出盛水器内的水，避免浸湿马达发生意外。

（3）每周应清洗两次隔尘网，隔尘网不可用刷子刷洗，只可用清水清洗。

（4）柜内铁板下的风扇不可拆出扇叶，只需用毛巾抹干净，以免发生危险。

（5）洗完后开电源，待温度恢复至4℃～6℃后再放回货品。

6. 热狗机清洁操作指引

（1）操作程序

① 将热狗机的有机玻璃罩和热狗机内的铁制油托取出来，用洗洁精将表面的油渍清洗干净，再用干毛巾将其擦干，避免多余的水珠掉到热狗机里。

② 用半干状态的湿毛巾将热狗机上的导热管轻轻地逐条抹擦，直到将其表面的油渍抹干净再用干毛巾擦干即可。

③ 用半干状态的湿毛巾将热狗机的外围抹擦干净。

（2）注意事项

① 清洁过程中必须先断开电源。

② 在热狗机的清洁过程中，切忌将热狗机拿到洗手盆或水龙头上去冲洗，这样会导致热狗机内的电器因遇水而烧掉或短路导致热狗机不能正常运作。

③ 24小时门店每天凌晨2点清洁，非24小时门店下班前一个小时清洁。

④ 热狗机底座由总部派专人每周拆下来清洁。

四、编制清洁卫生标准

任何时候店铺内外都要保持清洁，以不滋生害虫和细菌；遵照统一的清洁指示，使用合适的清洁剂及工具；各种机器按指引使用合适的清洁剂及工具进行清洗和消毒；时时保持食品的卫生、清洁和新鲜；商品经常流转及打扫；店员时刻注意个人卫生及仪容整洁。

店长应编制一份清洁卫生标准，在检查店铺清洁卫生时以此为标准。

下面提供一份便利店清洁卫生标准，仅供参考。

范本

××便利店生鲜卫生管理标准

1. 目的

为生鲜商品卫生管理工作提供工作依据，确保生鲜商品的储存、加工、销售等过程的良好卫生。

2. 范围

经营生鲜商品的分店。

3. 文件概要

（1）卫生运作时间

① 个人卫生在上岗前完成。

② 仓库卫生在每日早晚交接班时进行。

③ 卖场卫生随时进行清洁。

④ 用具卫生每日营业结束后进行。

⑤ 加工间卫生在每日营业中和营业结束后都要进行。

（2）管理标准

① 个人卫生

A. 员工需持有健康证明（食品类）上岗。

B. 男员工不留长发，耳际头发不超过耳的上沿；女员工的长发需束起，不可散开。

C. 不留长胡子，不留长指甲，不涂指甲油，指甲无污垢。

D. 勤洗澡、换衣、洗手、剪指甲、修剪头发、洗头发。

E. 保持口腔清洁。

F. 不化妆，不用味浓的护肤品，不用香水，不佩戴耳环、戒指、项链等饰物。

G. 帽子、工衣穿戴整齐，干净，清洁无污迹，不破烂，无异味。

H. 患有皮肤病或手部有创伤、脓肿者，及患有传染性疾病者不得接触生鲜食品。

J. 作业前要洗净或消毒手部，并保持干净。

K. 每人应配备一条干净的小方巾，随身携带用于擦拭商品和货架。

L. 在分割肉类和做面包时，不可用衣袖或手擦汗水，要用清洁的毛巾擦拭。

M. 在卖场、仓库、加工间不可随地吐痰，不乱丢垃圾，不可吸烟。

N. 售卖熟食、面包的服务员需戴一次性手套、口罩、帽子。

O. 保持工服干净，头发全部放入帽中。

P. 加工时不梳头，不触摸身体各部位。

Q. 加工间内不吃东西、不放私人物品。

R. 如厕后、处理过脏物品、吃过东西后、开始工作前、处理生熟食品时均要按洗手步骤洗手。

S. 洗手清洁步骤：

第一步用温水和洗手液在洗手槽洗手；

第二步洗手腕及露在外面的前臂；

第三步两手相搓至少20秒，认真清洗手指和指甲处；

第四步用流水冲洗，由手臂向指尖冲；

第五步刷净指甲；

第六步消毒；

第七步用干净的一次性纸巾抹手，不用抹布和围裙。

②卖场卫生

A. 顶层无蜘蛛网，无积尘，无污迹。

B. 墙壁无污迹，无积尘，无破损。

C. 地面无积水，无积尘，无跌落的商品。

D. 货架无积尘，无污迹，干净，无跌落的商品。

E. 价格牌要干净，不陈旧，不皱折。

F. 蔬果区在整理时不得把碎菜、烂叶等扔到地上，要用用具装好。

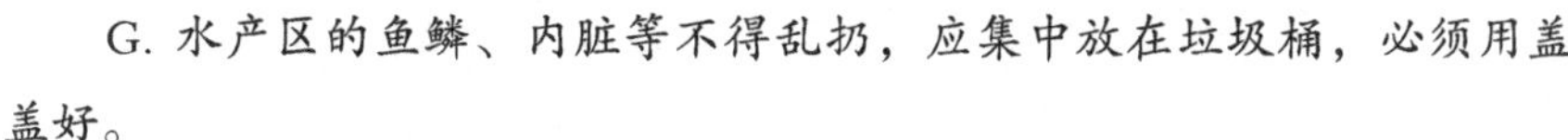

G. 水产区的鱼鳞、内脏等不得乱扔，应集中放在垃圾桶，必须用盖盖好。

H. 鲜肉区在分割猪肉时，肉屑不得乱扔，应集中放置。

I. 三鸟间里的羽毛、内脏不得扔到地上，应集中放置。

J. 熟食区斩碎的肉和骨头等不得扔到地上，应放在垃圾桶里，必须用盖盖好。

K. 灯罩无积尘，过秤台干净，无污迹。

L. 卖场禁止用价格标签或胶纸等粘贴。

M. 熟食区、鲜肉区、水产区的排水沟应设有滤网。

③ 仓库卫生

A. 天花板：无蛛网，无灰网，不漏水。

B. 墙壁：无污迹，无蛛网，无灰网，无积尘。

C. 地面：无污迹，无积水，无积尘。

D. 通风良好，湿度、温度正常。

E. 无变质的商品。

F. 气味大的和易吸湿的商品应包装好；易碎的商品应正确放置；有汁液的商品应密封良好。

G. 保鲜库、冷冻库每星期二、五下班前清扫，每月消毒一次。

④ 用具卫生

A. 货架：无积尘，无污迹，无异物，逢星期二、星期五营业结束后进行清洁。

B. 鸡笼：每月应全面清洗、消毒一次。

C. 食物夹：干净，无污迹，无变形，专柜专用（熟食/面包/海产干货/酱菜/腊肠/其他鲜肉）。

D. 勺子：用于散装米，散装杂粮；干净，不混用。

E. 托盘：干净，无变形，无污迹。

F. 保鲜盒：无积尘，干净卫生。

G. 捞鱼网：无污迹，无鱼鳞。

H. 刀具：

其一，生、熟食品所用的刀应分开使用和存放；

其二，下班时应洗净磨好专用刀具，刀口完整，无缺口，并对刀具清

洗消毒；

其三，专人使用，专门地点摆放；公用刀具用后应清洗消毒后摆放在指定处；

其四，不许用刀具砍切非食品物质。

I. 砧板：无异味、生熟分开使用，下班时要将表面的肉屑清除，以60℃温水冲洗，再用清洁剂洗净，最后以80℃以上的热水清洗，立放，每周消毒一次。

J. 冰台：无污迹，干净卫生，每日清洁。

K. 工作台：干净，无异味，无污迹，下班时冲刷、清洗干净。

L. 冷藏展柜、立柜、热柜、保鲜柜：干净，无异味，无污迹，无异物，保持柜外、柜身及柜内的清洁，玻璃要透亮、无污点，每日清洁。

M. 电子秤、包装机：干净，无污迹，机内无杂物，无虫子，随时清洁，下班时要用保鲜膜封住电子秤的标签出口。

N. 发酵箱、烘烤箱、烤炉、电炸炉、电蒸炉、电煎锅：无污垢，干净卫生，随时清洁。

O. 炒锅：每日下班时应刷洗干净。

P. 绞肉机、切片机、搅拌机：要将表面的肉屑清除干净，以60℃~70℃的温水配合清洁剂用抹布擦拭干净。

注：食物夹、刀具、熟食托盘，在使用前先用沸水冲洗干净后，再放进消毒柜进行消毒。

⑤ 蔬果加工间卫生

A. 顶部无蛛网，无灰网。

B. 墙壁无蛛网，无灰网，无积尘，无污迹。

C. 地面无积水，无杂物，加工商品和报损商品分开存放，报损商品要用菜筐盛装，切勿乱丢。

D. 需有灭蝇灯。

E. 排水沟有筛网（孔径：10mm），无垃圾。

F. 塑胶帘子（门口）：干净，无污迹，无积尘。

G. 垃圾桶（内套垃圾袋）一定要用盖盖住。

⑥ 食品加工间卫生

A. 废弃物放进垃圾桶（内套垃圾袋），垃圾桶一定要用盖盖住。

B. 墙壁无蜘蛛网，无灰尘网，无积尘，无污迹，玻璃透亮。

C. 地面无污水，无杂物，无碎屑物。

D. 操作台无破损。

E. 天花板无蜘蛛网，无灰尘网，无油污。

F. 生食品与熟食品须分开处理、分开存放。

G. 清洁的化学物品须与食品、原料品分开存放。

H. 排水沟有网筛（孔径：10mm），无垃圾，不堵塞。

I. 需有灭蝇灯。

⑦ 面包加工间卫生

A. 天花板无蜘蛛网，无灰尘网，无油污。

B. 墙壁无蜘蛛网，无灰尘网，无积尘，无污迹。

C. 地面无污水，无粉尘，无碎屑物。

D. 生食品与熟食品须分开处理、分开存放。

E. 废弃物放进垃圾桶（内套垃圾袋），垃圾桶一定要用盖盖住。

F. 各器具用后一定要清洗干净。

⑧ 鲜肉加工间卫生

A. 废弃物放进垃圾桶（内套垃圾袋），垃圾桶一定要用盖盖住。

B. 地面无污水，无杂物，无碎屑物。

C. 墙壁无蜘蛛网，无灰尘网，无积尘，无污迹，玻璃透亮。

D. 天花板无蜘蛛网，无灰尘网，无油污。

E. 排水沟有筛网（孔径：10mm），无垃圾，不堵塞。

F. 通风良好，温度20℃左右。

4. 清洁方法

（1）使用清洁槽

① 准备必要工具。

② 用刷子大致清洗清洁槽，残渣倒入指定废物箱（垃圾桶）。

③ 关闭下水，清洁槽注入适当洗涤剂。

④ 用干净布或刷子清洁水槽、下水口、外壁及周围。

⑤ 对整个水槽清洗。

⑥ 设备锁定后分拆，将要清洗的部位拿至水槽中。

⑦ 大致清洗，残渣倒入指定垃圾箱。

⑧ 第一槽用洗剂充分泡5～10分钟，用细刷充分刷洗。

⑨ 第二槽清洗。

⑩ 第三槽消毒液浸泡。

⑪ 冲洗。

⑫ 重装。

⑬ 手接触过的部位重新消毒。

⑭ 注意清洗设备时不可淋湿电器部分。

（2）下水口清洗方法

① 使用专用工具：喷器、软管、专用毛刷、去污剂、专用橡胶手套。

② 挪开盖子清理净残渣。

③ 用喷雾器和软管冲洗下水口，冲洗时要防止水溢出。

④ 将去污剂倒入下水道，定期消毒，一周一次。

⑤ 用毛刷再利用水压清洗。

⑥ 设备下面下水口定期清洗。

⑦ 每天用热水冲一次下水口，防异味产生，盖子盖好，防残渣等冲入下水口。

⑧ 每天均要认真清洗水池下水口。

（3）提桶法清洗

① 清洗消毒

A. 清洗消毒用水桶冲洗干净。

B. 一只桶加入热水并注入适当去污剂，另一只桶只加入温水或清水。

C. 如用喷冲法消毒，则再向喷雾器内注入温水，再加适当消毒剂。

② 清洗地板

A. 准备好所用工具用品。

B. 扫净地板上残渣。

C. 涂上去污剂，保持泡沫充分，在地板上保留5～10分钟。

D. 用干净拖布拖干净。

E. 用水压冲洗，再用拖布拖干水。

F. 用消毒液消毒。

G. 水冲洗拖干。

③ 清洗墙壁

一部分墙如水槽、食物准备台周围与食品接触面应清洗消毒，其他如

垃圾箱周围可用提桶法或喷冲法（步骤同地板清洗法）漆墙、半封闭墙、有裸露设备处、供应物小区不可用喷冲法。

④ 清洗天棚

天棚无须经常清洗，但要定期检查。清洁时用提桶法，注意远离电器。

⑤ 清洗设备（消毒）

A. 准备所有的清洁用具。

B. 拆装锁定设备。

C. 用干净抹布或刷子沾去污剂，用稀释液自上而下清洗，保持泡沫5～10分钟。

D. 用清水洗去去污剂。

E. 干净抹布沾消毒液擦拭。

F. 用清水洗去消毒液。

G. 风干或干净抹布擦去多余的水。

H. 重装设备，手抓过的部位再消毒一遍。

五、制定商品补货程序

补货是指将标好价格的商品，依照商品各自既定的陈列位置，定时或不定时地将商品补充到货架上。定时补货是指在非营业高峰时的补货；不定时补货是指只要货架上的商品即将售完，就立即补货，以免由于缺货影响销售。

对冷冻食品和生鲜食品的补充要注意时段投放量的控制。一般补充的时段控制量是，在早上将所有品种全部补充到位，数量控制在预定销售额的40%，中午再补充30%，下午再补充30%。

店长可以制定统一的商品补货程序，以便员工按照流程操作。

下面，提供一份××便利店的商品补货流程，仅供读者参考。

××便利店补货程序

1. 一般补货程序

××便利店的一般补货程序，如图5-2所示。

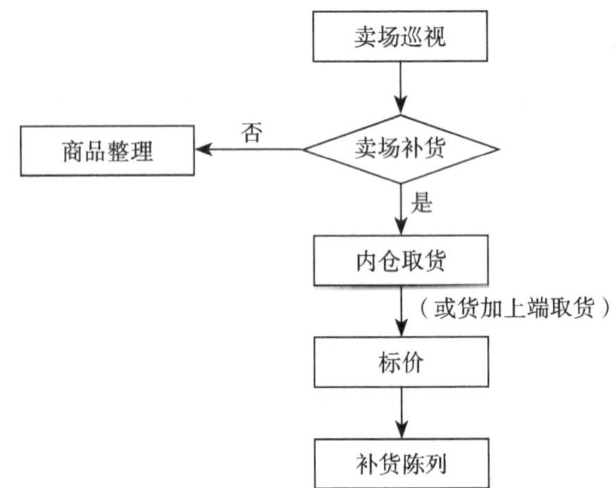

图5-2 ××便利店的一般补货程序

2. 白天补货程序

××便利店的白天补货程序，如图5-3所示。

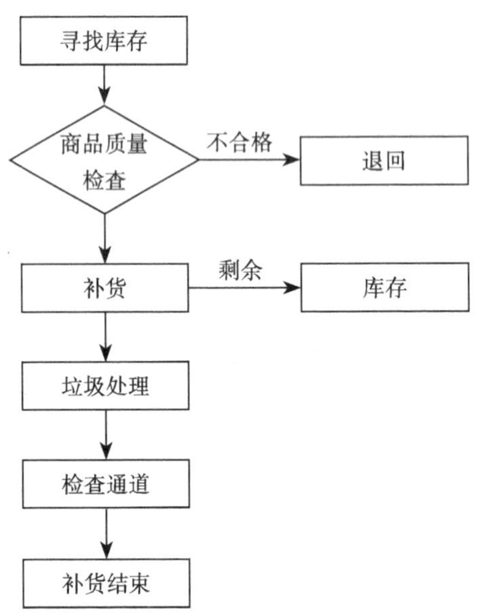

图5-3 ××便利店的白天补货程序

3. 夜间补货程序

××便利店的夜间补货程序，如图5-4所示。

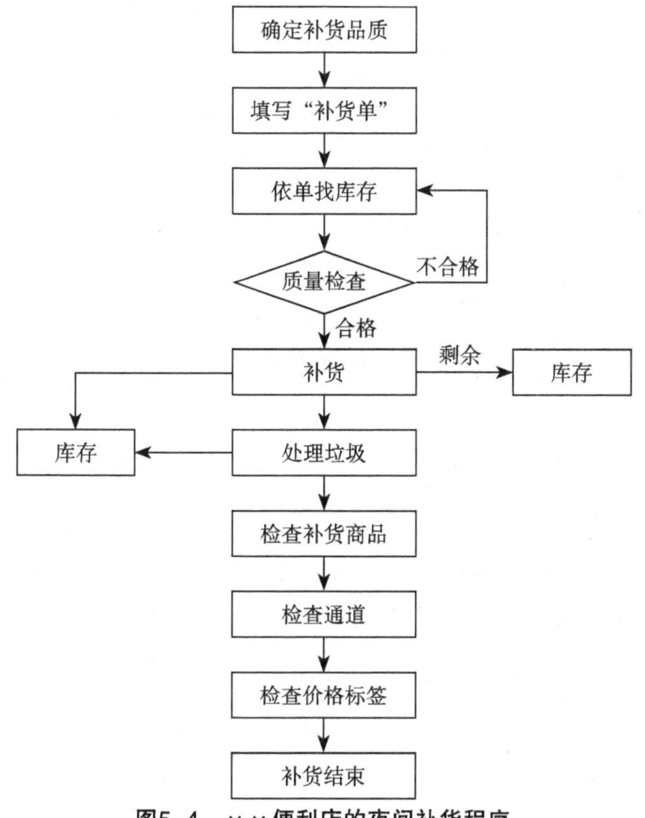

图5-4　××便利店的夜间补货程序

六、规范收银作业管理

事实上，收银作业不只是单纯地为顾客提供结账的服务；收银员收取了顾客的钱款后，也并不代表整个销售就此结束，因为在整个收银作业的流程中，还包括对顾客的礼仪态度和资讯的提供、现金作业的管理、促销活动的推广、损耗的预防以及门店安全管理的配合等各项前置和后续的管理作业。因此，店长应加强收银作业的管理。

1. 扫描作业

（1）扫描要求

收银员扫描作业，应达到图5-5所示的要求。

快速扫描	以最快的速度将商品进行扫描，包括熟悉一般商品的条形码印刷的位置、保持印有条形码的包装面平整、条形码正对着扫描器或扫描枪等
无多扫描	无多扫描即保证每件商品只被有效扫描一次，多扫描会导致顾客的多付款而引起顾客投诉
无漏扫描	无漏扫描即保证每件商品都被有效扫描过，在顾客已付款的商品中，无商品漏扫描或扫描不成功。漏扫描直接造成商场损失，是收银区域防止损耗的重点之一

图5-5 扫描要求

（2）例外处理措施

例外处理措施见表5-1。

表5-1 扫描例外处理措施

序号	常见现象	原因	处理措施
1	条码失效	• 条码损坏、有污渍、磨损 • 条码印刷不完整、不清楚	• 在同样的商品中找到正确的商品条码，用手工扫描的方式解决 • 条码重新计价印刷
2	条码无效	• 编码可能是错的 • 条形码重复使用或假码	• 核实商品的售价，以价格销售的方式售卖 • 将例外情况记录，并跟踪解决
3	多种条码	• 改变商品的包装，如买一送一 • 促销装商品的赠品条码有效	• 核实正确的条码 • 跟进所有的非正确条码，必须予以完全地覆盖
4	无条码	• 商品本身无条码，自制条码脱落 • 商品条码丢失	• 找出正确的条码，手工扫描 • 跟进剩余商品的条码检查

2. 消磁作业

收银员消磁时，要快速将每件已经扫描成功的商品进行消磁。保证每件商品都经过消磁且消磁成功，包括熟悉商品消磁的正确方法和有效

的消磁空间，记住重点消磁的商品。进行硬标签手工消磁时，不能损坏商品，应轻取轻拿。

消磁例外处理措施见表5-2。

表5-2 消磁例外处理措施

序号	名称	原因	处理措施
1	漏消磁	商品未经过消磁程序	• 商品必须经过消磁程序 • 重新消磁
2	消磁无效	商品消磁的方法不正确，超出消磁的空间	• 结合消磁指南，掌握正确的消磁方法 • 特别对软标签的商品予以熟记 • 重新消磁

3. 装袋作业

购物袋尺寸有大小之分，根据商品的多少选择正确的购物袋。商品分类是非常重要的，正确、科学地分类装袋，不仅能提高服务水平和顾客满意度，还能体现尊重顾客、尊重健康的理念。装袋例外处理措施见表5-3。

表5-3 装袋例外处理措施

序号	原因	处理措施
1	商品过重	分多个购物袋或多套一个购物袋
2	不能装袋	向顾客解释因所购商品大小问题，不能装袋
3	袋子破裂	去掉破裂袋子，重新包装

4. 收款作业

接受顾客付款时，必须以合适的音量说“收您××元”，此为唱收原则。点清所收的钱款时，必须将正确金额输入收银机中。无论是现金、银行卡，还是移动支付等形式的付款，都必须在收银机上输入正确的付款键。接受现金付款时，必须对现金进行真假的识别。

不同面值的现金必须放入银箱规定格中，不能混放或放错位置。银

行卡单及有价证券不能与现金混放。银行卡单及有价证券不能与现金混放。信用卡被验证为正确和有效之后，把详细内容填写在销售单上。

① 把信用卡放在刷卡机的适当槽口里。

② 检查打印机上的信用卡销售单。

③ 把信用卡沿槽口滑下。

④ 核对信用卡的号码。

⑤ 请顾客输入密码。

⑥ 输入金额，打印出信用卡的详细内容，并检查销售单上打印的内容是否完整、清楚。

⑦ 请顾客在销售单的相应位置签名。

⑧ 把销售单上的签名与信用卡的签名相比较，确保其真实性。

⑨ 把信用卡和销售单的持卡人联交还给顾客，并让顾客在“持卡人签字”栏签字。

下面提供一份××便利店收银操作规程的范本，仅供参考，如图5-6所示。

××便利店收银操作规程

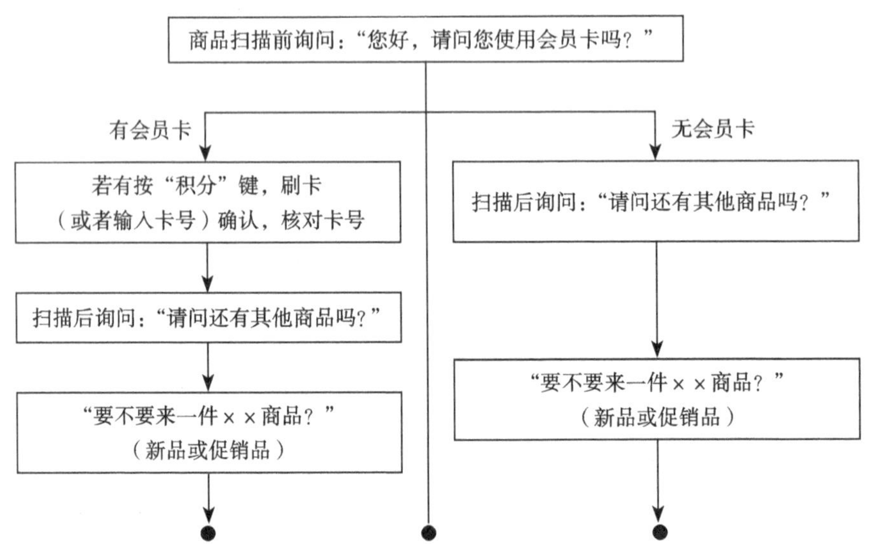

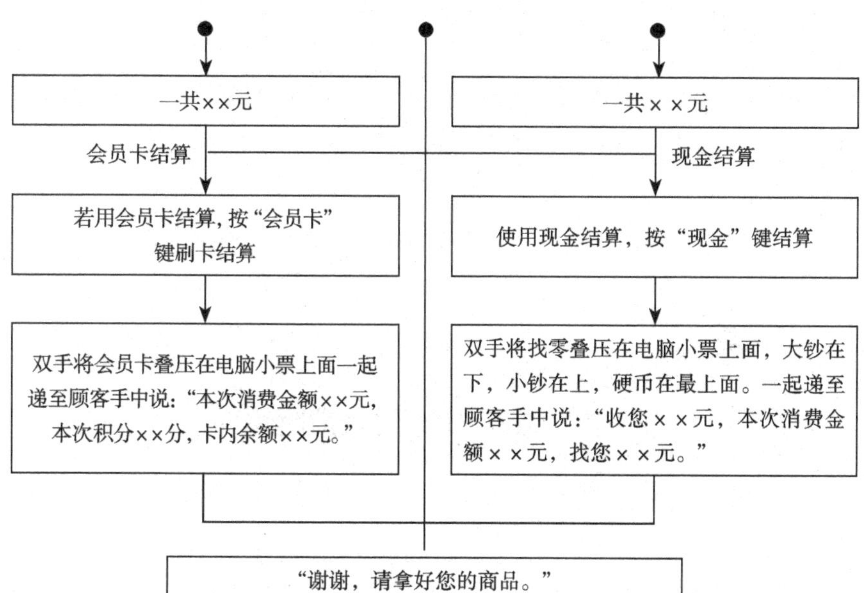

图5-6 ××便利店的收银操作规程

七、建立优质服务标准

便利店必须向顾客提供优质的服务，以树立店铺方便、快捷、友善、清洁的形象。因此，店长要根据本店的实际情况，编制优质服务标准小册子。

1. 方便

24小时营业；商品种类齐全，自助形式，方便随意选购；商品摆设整齐划一（设有商品陈列图）；微波炉供顾客使用；24小时代收话费、代收报名费；代交话费、上网卡等便民服务。

2. 快捷

店员熟悉店铺的环境和摆设，为顾客提供有效率的服务；店员熟悉各种机器的操作，使顾客不用排队等候；商品摆设规划整齐，使顾客容易寻找商品，省时快捷；货场无杂物，购物畅通无阻；繁忙时间前做足准备工作，为顾客节省时间。

3. 友善

顾客进店时主动说“欢迎光临”；热情主动地帮助顾客；主动向顾客介绍、推荐各类商品；主动帮助顾客把所购的商品装入袋子；以服务顾客为先。

下面提供一份××便利店常用服务用语指南，仅供参考。

范本

××便利店优质顾客服务用语指南

（1）早上，当顾客进入店铺，所有员工必须说“早上好”或“您好”或“欢迎光临”。

（2）平常，当顾客进入店铺，所有员工必须与顾客眼神接触，保持微笑及点头。

（3）当员工在货场工作时，如上货、清洁，应怎样招呼顾客呢？员工应说“对不起，请随便看”或说“对不起，先生/小姐，请问有什么可以帮你”。

（4）当顾客需要协助时，员工应主动上前帮助，说：“先生/小姐，您好，请问有什么可以帮你呢？”

（5）如果顾客拒绝帮忙时，员工应说：“请随便看，如有需要的话，可随时找我。”（注意不要站在顾客旁边，使其有被监视的感觉。）

（6）在货场工作时，如有杂货阻碍顾客购物，应立即使通道畅通；如对顾客的提问不清楚，应对顾客说：“对不起，先生/小姐，我不清楚，请您等一等，我找其他人帮您。”然后尽快找到其他员工协助，避免对顾客不礼貌地说：“不知道。”

（7）当顾客询问某种商品的位置时，应对顾客说：“先生/小姐，请跟我到这边来。”将顾客带到商品架前，说：“请随便看。”

（8）当顾客需要购买的商品缺货时，说：“对不起，您想要的商品暂时缺货，我们下一次到货时间是××，或者我介绍另外一种同类型的产品给您？”

（9）当顾客拒绝你的提议时，你应说：“对不起，如果您不急着要这种商品，欢迎您下次再来买。”

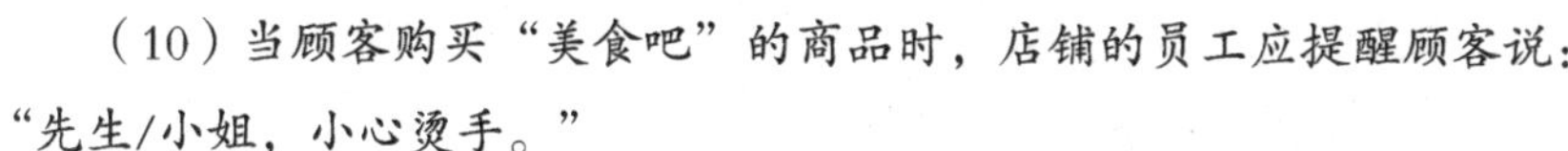

（10）当顾客购买“美食吧”的商品时，店铺的员工应提醒顾客说：“先生/小姐，小心烫手。”

（11）当顾客在店内不小心打破商品时，员工应首先关心顾客是否受伤，说：“先生/小姐，请问您有没有受伤呢？不要紧，让我来处理这些东西，您继续挑选商品吧！”

（12）当在冻房前整理商品，刚好有顾客需要选购此商品时，员工应对顾客说：“对不起，请问需要什么东西，我来帮您拿。”或立即让开，说：“对不起，请随便挑。”

（13）当接听电话时，说：“早上好，××，请问有什么可以帮您？”当对方找员工时，说：“对不起，请稍等。”

（14）假如其他员工没有时间接电话或不在店铺内，应通知对方，说：“对不起，××不在（或××暂时不能接听您的电话），请问可不可以留下您的姓名、电话，等他回来时回复您？”

（15）与同事相处，语气要客气，应说：“谢谢。”

八、编制商品盘点操作规范

便利店商品盘点是一项非常重要的工作，只有做好商品盘点，才能清楚地了解需要订货的数量、核算销售成本等。因此，店长必须建立商品盘点操作规范，以便店员有章可循。当然，不同的便利店在实施盘点时有差异，不过大致是相同的。

下面提供一份××便利店商品盘点管理规定的范本，仅供参考。

××便利店商品盘点管理规定

1. 盘点目的

盘点是为了了解公司（门店）在某个营业周期内的经营情况，为了使库存合理，加速资金周转、利用而开展的一项对商品的清点工作，也是检查门店在某个营业周期内的营运、防盗等工作状况的一项措施。

2. 盘点范围

适用于××各门店的盘点工作。

3. 盘点时间

22：00～次日06：00。

4. 具体流程

（1）拟订盘点计划

区域督导提前15日拟订各区域盘点计划，营运部审批后于盘点前一周公告各门店。

① 盘点日期。门店周期性盘点在月初（1～5日），如店长交接或遇其他突发事件则另行通知。

② 盘点门店安排。所有门店每月必须盘点一次，如门店当月人员稳定，且无特殊事件发生，可申请每两月盘点一次。

③ 盘点方法。手工盘点或盘点机盘点。

④ 盘点人员。门店所有人员均须参加盘点，具体情况由店长决定。区域督导每月必须参加1～2家门店的盘点。

（2）盘点前准备

① 盘点前5天，门店召开盘点会议，由店长组织安排盘点事项，告知员工盘点时间、盘点人员安排。

② 盘点区域划分。店长根据门店的实际情况进行分区，以每组货架为盘点单位，对每个货架进行编号。

③ 门店在盘点前需做好账面清理工作：所有内调、直配、退货单据录入完毕，并跟踪审核情况（所有单据盘点前必须审核完毕）。所有有单无货、有货无单等情况应及时查明原因并予以妥善处理，保证在盘点前完成账务处理，做到与账单相符。

④ 盘点前1天，所有残次品处理完毕，能退的打退单，不能退的做报损处理。对未清理完毕的残次品进行归类，并摆放整齐。

⑤ 所有退货商品应退货完毕，暂时无法退货的商品应进行标识。

⑥ 对内仓、地堆及货架上的商品进行全面整理及清扫。

⑦ 对赠品单独进行清理并加以标识。

⑧ 清理门店内的死角及货架底层。

⑨ 商品必须整齐摆放，一物一卡，物卡对应，同一代码商品必须放在同一位置（区域），以免清点时发生遗漏。

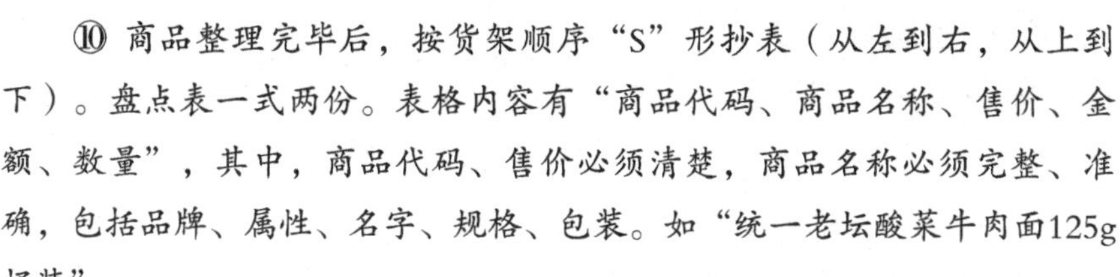

⑩ 商品整理完毕后，按货架顺序“S”形抄表（从左到右，从上到下）。盘点表一式两份。表格内容有“商品代码、商品名称、售价、金额、数量”，其中，商品代码、售价必须清楚，商品名称必须完整、准确，包括品牌、属性、名字、规格、包装。如“统一老坛酸菜牛肉面125g桶装”。

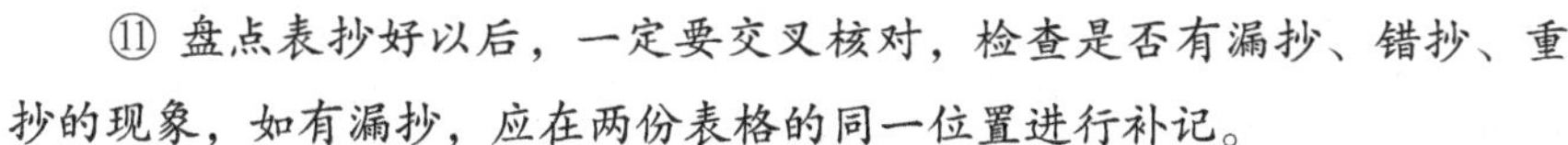

⑪ 盘点表抄好以后，一定要交叉核对，检查是否有漏抄、错抄、重抄的现象，如有漏抄，应在两份表格的同一位置进行补记。

⑫ 内仓、地堆的商品可独立一个区进行抄表盘点，其数据可在商品全部盘点完后在对应的商品表单同步补加（需注明）。

⑬ 店长对已经抄写好的盘点表进行编号，并分出A、B表。盘点表抄好以后，货架商品要归类整理，不得移动、调整，以免发生错乱。如盘点当天有新品到货，则暂时将其视为库存商品盘点入账，不要上架出售。

（3）盘点中

① 整理

A. 卖场和仓库须保持整齐、清洁。

B. 空箱或纸皮必须另外堆放，以避免盘点错误。

② 盘点中

A. 一切准备就绪后，盘点前店长开会宣布盘点纪律，告知盘点人员注意事项和责任，并分发盘点表。

B. 盘点表的A表一般由该货架的店员自行盘点，A表盘完后，由店长安排非直接责任人盘点B表，盘点时B表与A表的内容应错开。

C. 在盘点过程中，负责记录、点数和复核的人员应在盘点表签上全名。

D. 在盘点过程中，清点商品时各自独立进行，不得交头接耳、抄袭等。

E. 同一区域的两个人都清点完后，必须进行核对。当两份数据不同时，两人必须同时现场核实，以核实后的数据为准修正盘点单。对盘点单确认无误签字后交给监盘人（或店长），监盘人或店长对盘点单进行抽查，如果没有错误，经同意后方可离开；如果时间较早，可将商品整理好以后再离开。如果抽查发现有错误，必须核实正确。

F. 表单中的“数字”书写必须清晰，不得在原有数字上涂改。如有错误，应画掉原有数字，在旁边重写。如有补加，则应写上最后结果。

（4）盘点后

① 盘点全部结束后，监盘人将盘点表（B表）带回公司备查，A表留门店做输单。盘点单的输录必须于盘点结束后一个工作日内完成。

② 对“盈亏预查”表中的差异，门店进行核对检查，若发现有错盘、漏盘、错输、漏输等错误，门店于两天内核查并一次性书面上报营运部，经核实后方可进行修正。同时，对错误的过失人追究责任，处以每处××元以上罚款。

③ 盘点结果做到4天内审核确认。信息部予以相应的电脑处理。核实后的盈亏结果直接纳入各项指标计算和考核评估。

④ 信息部审核后的电脑库存数据作为门店下一营业周期的期初数据。

（5）盘点复查

① 店长在拿到复查单之前，必须认真检查门店的所有单据是否进行了及时的处理。如直配单、仓库错发货单、各项退货申请单、报损申请单、直配商品的退换货记录、门店之间的调货、交接班中发生的商品丢失、仓库配送单全面检查是否每次的欠货都有记录并反馈冲账等。这样及时进行全面的检查，可以减少在核查复查单时的工作量。

② 店长在检查复查单时，必须对商品进行逐项检查。首先从盘盈的商品开始查找，原则上商品是不可能多余的，看其是否能与短缺的商品进行等价抵冲。对能相互抵冲的记录进行标注，对多余数量的商品也应逐项进行实物核对，是否真的有那么多。注意是否有退单重复而导致的商品数量变多的情况。

③ 当督导把所有的盘点复查明细输入电脑，得出最后的复查单时，应将该单妥善保存至下月盘点，以备查。同时，也应就最后的复查单进行分析，为什么会有那么多的错误记录，为什么会有那么多的亏损，造成的原因是什么，在以后的工作中应注意哪些方面。

（6）盘点盈亏处理

① 门店报废品、残次品计入门店盘点盈亏。

② 门店允许的盈亏率（含报损）规定为3‰，其计算方法：正常盈亏额=当期销售总额×盈亏率。

③ 门店盘点亏空总额减去正常盈亏额即为该门店应承担的亏空责任金额，由该门店工作的实际上岗人员（工作不满半月以半月计算，超过半

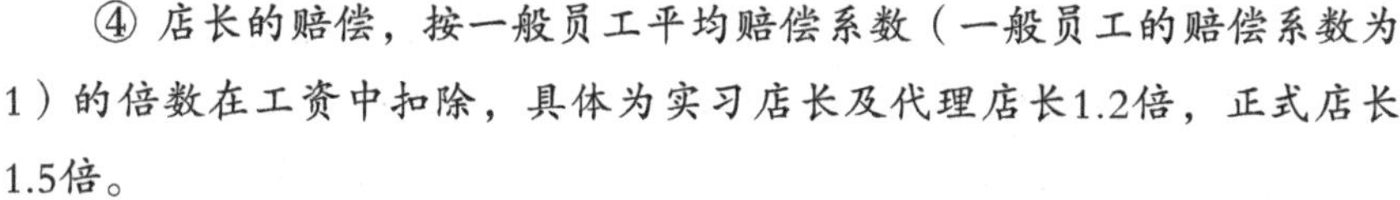

月以全月计算）平均承担。

④ 店长的赔偿，按一般员工平均赔偿系数（一般员工的赔偿系数为1）的倍数在工资中扣除，具体为实习店长及代理店长1.2倍，正式店长1.5倍。

⑤ 出现盘盈的门店，由店长负责查明并出具报告，由财务部确认，经检查属盘点失误造成虚盈的，在调整后不盈的按以上情况② ~④ 条处理。确实盘盈的，按盘盈金额扣发有关责任人当月工资，并将账实调整一致。

⑥ 赔罚的款项只从绩效工资总额中扣除，用于冲抵门店的账面盈亏。员工的基本岗位工资应予保证。

⑦ 对严重盘亏的门店，应查清原因，必要时应进行重盘，重盘准确后，经店长签字确认，盈亏金额按以上条例进行处理。

⑧ 对盘亏金额巨大的，已给公司造成的损失无法追回的，属于管理不到位或未按公司流程执行的，对各主要负责人进行行政处罚并承担相应的经济责任，上限××元。

⑨ 对为逃避盈亏责任制在盘点过程中做假的，按有关制度处理。

（7）注意事项

① 为了复盘的方便，盘点期间做手工账。

② 门店用盘点机盘好库存后，要马上致电信息中心说明已经盘点结束，信息中心得到门店盘点完毕的通知后，处理盘点相关数据，另外将盘点机及时带回信息中心，门店一定要等待信息中心处理完数据、电话通知门店可以收银，门店才可以把手工记账的数据输入POS机。

③ 用盘店机盘点的门店如果生意不是很忙，可以安排一个人专门收银，其他人盘点。收银员要时刻关注在盘点期间所销售的商品的状态是已经盘点还是未盘点，如果是未盘点的商品可直接在POS机里收银，如果是已经盘点的商品则做手工记账，等信息部通知盘点结束后再输入POS机进行收银。

九、制定员工工作礼仪标准

便利店要为顾客提供优质的服务，首先需要对员工工作礼仪予以统一，制定统一的工作礼仪标准。一般连锁便利店总部编制的员工手册会有所明确，不过独立经营的便利店需要由店长自己编制。

下面提供一份××便利店员工工作礼仪标准的范本，仅供参考。

××便利店员工工作礼仪标准

1. 着装礼仪

（1）上班期间以及在店内从事与工作相关的事务（如开店务会等）的时间，必须穿有领有袖的上衣（翻领，衣袖至少遮住上臂的1/3处）配长裤（裤脚长过膝盖、非低腰），外着统一设计的工衣。员工上班期间可以穿平底皮鞋、运动鞋。脚趾、脚后跟不能外露。

（2）工衣外不得着其他服装。

（3）上班时间必须佩戴工牌。工牌挂在工衣上的工牌专用悬挂位。除因工作需要外，工牌仅在营业区域佩戴。

（4）女员工头发从额头开始向后扎紧。前额可留出刘海，刘海的长度以不盖过眉毛为准。

（5）工衣须妥善保管，每星期至少清洗一次。

2. 仪容礼仪

（1）头发应修剪、梳理整齐，保持干净，不能有异味。禁止梳奇异的发型。男员工不准留长发（以发脚不盖过耳背及衣领为适度），禁止剃光头、留胡须。女员工头发要盘好，不得披发。

（2）女员工上班提倡化淡妆。

（3）指甲应定期修剪，必须修剪整齐，保持清洁。

（4）注意口腔清洁卫生，勤刷牙、清除异味。上班前不吃葱、蒜等异味食物，不喝含酒精的饮料，保证口腔清洁。

（5）上班期间可佩戴手表，手部不得佩戴首饰，腕部佩戴饰品不得超过两件。

3. 举止表情

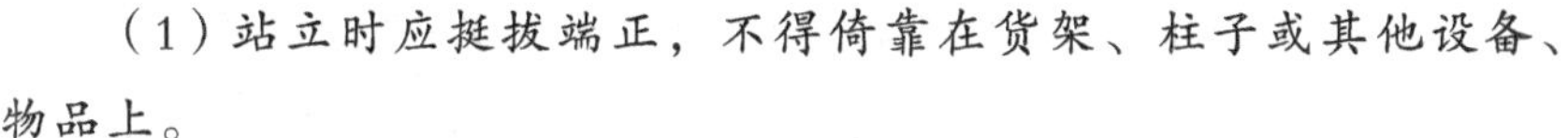

（1）站立时应挺拔端正，不得倚靠在货架、柱子或其他设备、物品上。

（2）举止文雅，不得随地吐痰、乱丢杂物，不得当众挖耳、抠鼻、修剪指甲，不得敲打柜台、货架、商品，不得跺脚、脱鞋、伸懒腰。

（3）语言要求。

① 声音甜美、亲切友善、自然、自信。

② 语速：中等语速、吐字清楚、声音洪亮。

③ 语调：用平缓的升调，亲切、自然、自信地介绍商品，与顾客沟通时用降调。

④ 与顾客交流时使用标准的普通话，有外国人时可尽量用英语进行交流。

⑤ 不得模仿他人说话的语气腔调。

4. 微笑礼仪

（1）服务过程中应保持真诚、温馨的微笑。

（2）迎接顾客时，目光亲切，保持眼神交流，面带笑容。

（3）微笑时态度真诚，面部要有亲和力，给顾客以亲人、朋友般的温馨感受。

十、编制员工交接班操作规程

由于便利店营业时间较长，有的18小时，有的24小时，因此员工需要交接班。店长要制定统一的交接班操作规程，以免在交接班中出现问题。

下面提供一份便利店交接班操作规程的范本，仅供参考。

××便利店交接班操作规程

（1）交接班本上填写的商品数量必须与实际库存数量相符，双方当场清点数量并签字，对账面与实际不符的查明原因后方可交接，若发现商

品有丢失的情况，应及时报告店长进行处理。

（2）交接班本不得随意撕页，应完整保存，月初重新建立一本新的交接班本。

（3）交接班本应妥善保管，店长将不定期对交接班本进行抽查。

（4）商品的验入、调入、销售退回（红字说明），若进方有变动则在交接班本背面注明商品配送单号、验收单号或商品出库单号、调拨（调入）单号等信息，由交班人和接班人同时签名确认，并由店长审核。

（5）商品销售、调出、进货退回（退回供应商或返配回仓库，用红字说明）和熟食商品报损等，若销损方有变动则在交接班本背面注明销售小票流水号、调拨（调出）单号及熟食商品报损单号，由交班人和接班人同时签名确认并由店长审核。

（6）填写交接班本时字迹要工整，不得潦草。

十一、编制顾客退换货标准流程

退货指顾客在购买商品后的一定时间内，对确实存在质量问题的商品要求商家退掉商品和退还等价现金。换货指顾客以某种理由要求商家予以更换商品，或商家对顾客购买的有质量问题的商品按国家有关法律只能做换货处理。

下面提供一份××便利店退换货标准的范本，仅供参考。

××便利店退换货标准

1. 退换货的时限

一般商品在购买15天内可退换货，影音家电商品自售出7天内，发生质量问题，可以退货，超出15天一般做代理保修处理。

2. 退换货的一般性标准

退换货的一般性标准，具体见表5-4。

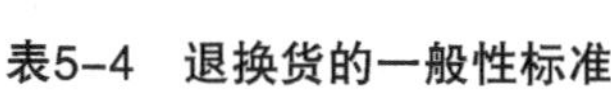

表5-4　退换货的一般性标准

序号	退换货的一般标准	退货	换货
1	有质量问题的商品，在退换货的时间内	是	是
2	有质量问题的商品，超出退货的时限，在换货时限内	否	是
3	有质量问题的商品，超出退换货的时限	否	否
4	一般性商品无质量问题，但不影响重新销售的	否	是
5	一般性商品无质量问题，但有明显使用痕迹的	否	否
6	经过顾客加工或特别为顾客加工后，无质量问题的	否	否
7	因顾客使用、维修、保养不当或自行拆装造成损坏的	否	否
8	商品售出后因自然灾害造成损坏	否	否
9	原包装损坏或遗失、配件不全或损坏、无保修卡的商品	否	否
10	个人卫生用品，如内衣裤、文胸、睡衣、泳衣、袜子	否	否
11	门店出售的“清仓品”	否	否
12	消耗性商品如电池	否	否
13	化妆品（不包括一般性护肤品）	否	否
14	香烟、中国白酒、进口洋酒	否	否
15	无质量问题的已售出的生鲜食品	否	否
16	赠品	否	否
17	无本门店的收银小票或发票或门店售卖的商品	否	否

3. 退货的流程

便利店退货的流程，具体见表5-5。

表5-5　便利店退货的流程

序号	步骤名称	具体说明
1	受理顾客的商品、凭证	审核顾客是否有本店的收银小票或发票、购买时间、所购商品是否属于不可退换商品
2	听取顾客的陈述	细心、平静地倾听顾客陈述有关的抱怨和要求，判断是否属于商品的质量问题
3	判断是否符合退换货标准	结合公司政策、国家法律以及顾客服务的准则，灵活处理，说服顾客达成一致的看法，如不能满足顾客的要求而顾客一直坚持退换货，应请店长助理或店长处理

（续表）

序号	步骤名称	具体说明
4	顾客商量处理方案	提出解决方法，尽量让顾客选择换货
5	决定退货	双方同意退货
6	判断权限	退货的金额是否在处理的权限范围内
7	填写“退货单”，收回票证	填写“退货单”，收回顾客的收银小票或发票
8	现场退现金	在收银机现场作退现金程序，并将交易号码填写在“退货单”上，将退货小票与收银小票或发票钉在“退货单”上，以备待查
9	退货商品的处理	将退货商品放在退货商品区，营业结束后经店长复核备案

4. 换货的流程

便利店换货的流程，具体见表5-6。

表5-6　便利店换货的流程

序号	步骤名称	具体说明
1	受理顾客的商品、凭证	接待顾客并审核顾客是否有本店的收银小票或发票、购买时间、所购商品是否属于家电商品或不可退换商品
2	听取顾客的陈述	细心、平静地倾听顾客陈述有关的抱怨和要求，判断是否属于商品的质量问题
3	判断是否符合退换货标准	结合公司政策、国家法律以及顾客服务的准则，灵活处理，说服顾客达成一致的看法，如不能满足顾客的要求而顾客予以坚持的话，应请店长助理或店长处理
4	决定换货	双方同意调换同种商品或同类商品甚至不同商品
5	填写“换货凭证”并选购商品	填写“换货凭证”，顾客凭“换货单”选购要更换的商品
6	办理换货	在收银机现场做换货处理，实行多退少补现金法，并填写“换货单”，收回票证，并将退换货小票粘贴在“换货单”上，以备后查
7	换货商品的处理	将换货商品放在换货商品区，营业结束后经店长复核备案，如换货商品是生鲜食品，应立即返回卖场，并在“换货凭证”上注明